중화경
주
해

중화경 주해

발행일   2024년 6월 21일

지은이   배철교
펴낸이   손형국
펴낸곳   (주)북랩
편집인   선일영   편집   김은수, 배진용, 김현아, 김다빈, 김부경
디자인   이현수, 김민하, 임진형, 안유경   제작   박기성, 구성우, 이창영, 배상진
마케팅   김회란, 박진관
출판등록   2004. 12. 1(제2012-000051호)
주소   서울특별시 금천구 가산디지털 1로 168, 우림라이온스밸리 B동 B113~115호, C동 B101호
홈페이지   www.book.co.kr
전화번호   (02)2026-5777   팩스   (02)3159-9637

ISBN   979-11-7224-171-1 03290 (종이책)   979-11-7224-172-8 05290 (전자책)

(주)북랩 성공출판의 파트너
북랩 홈페이지와 패밀리 사이트에서 다양한 출판 솔루션을 만나 보세요!
홈페이지 book.co.kr   •   **블로그** blog.naver.com/essaybook   •   **출판문의** book@book.co.kr

작가 연락처 문의 ▸ ask.book.co.kr
작가 연락처는 개인정보이므로 북랩에서 알려드릴 수 없습니다.

中和經

중화경 주해 註解

상극이 없는 도화낙원

배철교 지음

미움과 대립의 시대가 가고
조화의 선경세상이 온다
머지않은 때에 현실이 될
무극시태극의 진리

북랩

❀ 머리말 ❀

　　상제님께서 [萬國活計(만국활계) 南朝鮮(남조선) 淸風明月(청풍명월) 金山寺(금산사)]라 하심은 당연히 만국 사람들을 구원할 계책이 남조선에 있다는 말씀이며 [明月]은 음세 상인 후천 선경을 뜻하시는 것이니 [淸風]은 상극이 없다 하신 후천 선경의 새로운 도덕바람을 뜻하시고 [세계일가]를 이루게 하실 수 있는 상제님 도덕을 뜻하시는 것입니다. 또한 후천 선경세상을 열 수 있는 大道의 기운이 금산사에서 시작이 된다는 뜻이시기도 한 것입니다. 온 세상이 中이라 하신 상제님 도덕을 잃은 것이 병세이니 금산사가 [전주 동곡]이고 [三界를 광구할 태극 기동의 원점]이며 당연히 도인들이 소원 성취를 이루는 곳이기도 한 것입니다. 하지만 수도하는 사람들이 상제님께서 금산사라 하신 곳이 김제에 있는 금산사 여기고 있을 뿐이 아니고 무엇이겠으며 옥황상제님께서 부산에 들어가시기 직전에 "부산의 글자형이 八金山 또는 入金山이니 증산 상제님께서 [내가 장차 금산사로 들어가리라] 하신 곳이 이곳이니 천장길방인 태극 원점의 기지를 入金山이라야 얻을 수 있느니라" 하시고 [가마산이 곧 솥산인 줄도 알라] 하심도 당연히 상제님께서 말씀하신 금산사가 김제에 있는 금산사가 아니라는 말씀입니다. 후에 부산에 들어오셔서 [이제 부산에 들어왔으니 八門을 열고 운수를 받아들여야 하느니라] 하심과 같이 먼 훗날의 도수를 보신 것입니다.

　　옥황상제님께서 8·15 해방으로 일본이 물러간 후에 [마하사]에서 入金山 도수를 보심도 훗날에 [금산도득]하여 입금산하는 도수를 보신 것이며 상극운이 물러가고 입금산 후에 선경의 대운이 시작되므로 [운수]를 말씀하신 것입니다. 솥산을 말씀하심도 당연히 훗날의 도인들에게 암시를 주신 것입니다.

중화경 주해

화천하시기 얼마 전에 [나의 일은 구변구복도수(九變九復度數)로 성취되느니라] 하심도 아홉 번 변하고 아홉 번 반복하여 보시는 도수로 선경의 대운이 성공할 수 있게 된다는 말씀으로, 그만큼 선천 수천 년 동안 인간 사물을 지배한 상극의 기운을 거두시고 이와 상반된 상극이 없는 세상의 운수를 성공시키시기 위하여 화천하실 때까지 계속 반복하시어 도수를 보신 것입니다.

제가 십여 년 전에 상제님 공사의 실체를 조금은 알게 되어 상제님께서 말씀하신 금산사의 실체를 밝히고 금산사에 있는 상제님 도수를 밝히고자 하였지만 이름도 없는 엉뚱한 사람의 주장을 세상 누가 받아들일 수가 있겠습니까? 하지만 상제님께서 [숙구지] 공사를 보시면서 호랑이와 개로 비유하시고 옥황상제님께서는 소와 참새로까지 비유하심과 같이 선천 수천 년 동안 인계와 신계를 주도하였던 웅패의 기운 앞에서 보잘것없는 미미한 존재밖에 되지 못하지만 오직 구천 상제님께서 물샐틈없는 도수를 짜시고 옥황상제님께서 상극이 없는 지상 선경의 무궁한 운수를 여시기 위하여 불철주야로 오십 년 동안 고행을 하신 도수를 믿고 한시도 포기하지 않고 십여 년 동안 상제님께서 금산사에 감추어놓으신 도수를 알리고자 한 것입니다. 하물며 십여 년이 지난 현재도 도인들이 금산사의 실체를 모르고 금산사에 있는 상제님 大도수를 대부분 모르고 있는 것이 현실이니 어찌 한스럽지 않을 수가 있겠으며 결국은 도인들의 이해를 구하고자 외람되게도『중화경 주해』를 발간하게 된 것입니다.

도인들이 먼저 정신개벽을 이루어 천하 사람들에게도 상극정신을 버리게 하는 인간개조와 포덕천하로 광구천하, 광제창생하는 것이 지상 과제가 아니고 무엇이겠으며 하물며 현재로서는 [무극시태극]의 진리와 상반된 선천기운이 도인들에게도 깊이 배어 있으니 어찌 가능할 수가 있겠습니까? 당연히 때가 되면 상극세상에서 물든 그릇된 인습을 모두 버리고 [무극시태극]의 상제님 도덕을 체득하는 과정이 있는 것이며 상제님께서『중화경』을 지어놓으신 것도 이 때문입니다.

『중화경』이 많이 알려지지 않아 상제님께서 지으신 글인지 의문을 갖는 사람들도 있을 수 있겠지만 자세히 살펴보면 상제님께서 지으신 글이라는 것을 의심할 여지가 없는 것입니다. 中和라 하심은 분별을 두어 치우치지 않아 집단 간에도 화합하게 만드는 기운이며 선천기운은 당연히 이와 상반된 기운인 것입니다. 상제님께서 때가 될 때까지는 선천의 위계 속에서 선천법으로 수도를 할 수밖에 없는 도인들이 때가 되면 선천법을 거두시고 새로운 운과 법을 시작시키시는 [구천의 도수]를 미리 알 수 없도록 공사를 보심은 당연하신 일이며 『중화경』이 많이 알려지지 않은 것도 같은 연유인 것입니다.

제 자신도 판 밖에 나오고 나서야 중화경의 존재를 비로소 알게 되었으며 그동안 공부를 하여 나름대로 이해하게 된 내용을 바탕으로 『중화경 주해』를 내게 된 것입니다. 아울러 서전서문, 대학상장, 정심경의 주해도 첨부하였으며 본 주해서가 도인들이 상제님 공사를 바르게 이해하고 세상의 병세와 道의 바른 用을 이해하는 데 조금이라도 도움이 된다면 감사하겠습니다.

2024년 초여름에

裵哲敎

신장 공사도(信章 公事圖)

보輔 세世
상相 간間
현顯 안眼
명明 목目
천天 금今
지地 시始
공功 개開

단丹 유有
주朱 연緣
수受 자者
명命 개皆
청靑 문聞
천天 지知
안雁 래來

靑청鳥조傳전語어 白백雁안貢공書서

大學之道 在於明明德 在新民 在至於至善 繼之者善 成之者
性 本末兼存 內外交養然後 方可謂之大道也 (丹朱 受命書 中)

차례

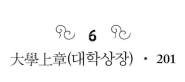

開門納客
其數其然

1

九天上帝님께서 전하신
中和經 本文

중 화 경　본 문

相授心法 允執厥中

中也者天命之性萬理具備天變萬化皆從此出乃天下之大本而爲道之體

和也者卽率性之謂四達不悖天下古今皆由此出天下之達道而爲道之用

夫道之體用不外乎吾之性情人以知己之有性而不知其出於天人以知事之有道而不知其由於性

萬物各具一性所以萬殊者一本也天下事物雖有萬殊其理則一

惟吾心之一理以貫通乎天下事物夫事物萬殊而有不齊者各得其理也學者潛心於聖人之業宜於此求焉

聖人之心未感於物也則其體廣大虛明絶無毫髮偏倚所謂天下之大本也聖人之心感於物也則喜怒哀樂各隨所感而應之無一不中節者所謂天下之達道也

以其本體而言之如鏡之無有所照則虛而已如衡之未有所加則平而已至言其用則以其至虛而好醜無所遁其形以其至平而輕重不能違其則此所謂中和而天地位萬物育雖天下之大不外乎吾心造化之中

心者神明之舍所所以交於神明之本夫事神之道必在於敬敬則此心收斂無所私曲而能直直則此心虛明無所雜亂而能清然後能通神明

學者誠能虛心以體天下之物則精義妙道莫不昭然而接於吾之心目然後眞知其道器之調合而顯微之無間也

寶鑑照與不照明未嘗息洪鍾叩與不叩鳴未嘗已

天用雨露之薄則必有萬方之怨

地用水土之薄則必有萬物之怨

人用德化之薄則必有萬事之怨

衆陰之中一陽始生天地之心可見衆惡之中一善始生聖人之心可見天用地用人用統在於心

性者乃天命之全體人心之至正所謂體用體所以立心之誠爲本虛靈心之體用所以行道之行爲用智覺心之用靈者體之存其體謂之道道之用不可窮智者用之發其用謂之神神之用不可測

寂者感之體其體甚微理無不明感者寂之用其用甚顯誠無不格物無不備誠者自誠也造化

중화경 주해

有造化用用無不致道者自道也人事有人事用心外無理理外無事一心之理盡貫衆理學者進德修業必以天地聖人爲法焉

人者鬼神之會也人之虛靈智覺無異於鬼神人之始生精與氣而已精氣爲物遊魂爲變陰精陽氣聚而成物總言魂遊魄降散而成變精氣者自無而有自無而有神之情也遊魂者自有而無自有而無鬼之情也自無而有故顯而爲物神之狀也自有而無故隱而爲變鬼之狀也陰陽之精五行之氣(氣聚爲精.精就爲物)及其散也陰陽五行各歸其本魂陽反於天魄陰反於地

鬼神何爲而有狀狀且無也何爲而有情曰物者具是形者也魂止則物存遊者止之變魂者使是形者也魂遊則物亡亡者存之變觀其聚散則鬼神之情狀可知也精者魄也耳目之視聽爲魄氣者魂也口鼻之呼吸爲魂二者合而成物魂也者神之感也魄也者鬼之感也合鬼與神敎之至矣死則謂魂魄生則謂精氣天地之間公共底鬼神

五行一陰陽陰陽一太極未嘗離也水火金木待時而成水生於火故天下無相克之理五行造化之初一燥一濕濕之流爲水濕之融爲木燥之爍爲火燥之凝爲金其融結爲土自輕淸重濁先天五行之體四時主相生六腑主相克後天五行之用其體對立其用循環

五行之質存於人身爲肝肺心脾腎五行之神舍於人心爲仁義禮智信質者其粗也神者其精也

五行有五事貌言視聽思貌光澤故屬水言發於氣故屬火金聲淸亮故聽屬金眼主肝故屬木四者皆原於思亦猶水火金木皆出於土五行以土爲主五倫以信爲主五事以思爲主土居中央心亦虛中而居中央天地之中央心也故東西南北身依於心思者動魂知者靜魄思者心之用謀度其事人物始生

精之凝而爲貌精之顯而爲視氣之出而爲言氣之藏而爲聽其主宰爲思精濕而氣燥精實而氣虛精沈而氣浮故精爲貌而氣爲言精之盛者濕之極故爲木爲肝爲視氣之盛者燥之極故爲金爲肺爲聽貌與視屬精故精衰而目暗言與聽屬氣故氣衰而耳聾此理曉然者也

精衰則氣衰精盛則氣盛無間隔也醫書所屬而疑之則不知變之論也恭屬水水有細潤意思貌屬金金有精密意思人之舉動亦欲細潤人之爲謀亦貴精密鬼神之實不越乎陰陽兩端而已

大哉天地之運日往月來爲夜月往日來爲晝孰測其所以然哉曰道也聖人乃能通而知者也往者屈也來者伸也晝夜者一日之屈伸死生者一世之屈伸寒暑者一歲之屈伸古今者萬世之屈伸聖人何以通而知之用易通乎晝夜之道知其死生之道知生之道則知死之道盡事人之道則盡事鬼之道死生人鬼一而二二而一者也多寒夏暑者陰陽也所以運動變化者神也神無方易無體

卽所謂天地鬼神幽明生死曰陰陽也

乾坤定於天地剛柔繼於動靜貴賤陣於尊卑吉凶生於事物變化現於形體皆非聖人之爲也天地判陰陽之來本自有之聖人準之以爲敎爾學貴於自得也

天之所以爲天者不外乎陰陽五行天地一物陰陽一物物之來遠自八荒之上深者六極之下吾能知之天地之鑑也萬事之照也

所謂至精至微處極深則至精研幾則至微至精至微至神惟深惟幾惟神深者能通天下之志幾者能成天下之務

天地定位易在其中者神也何不言人行乎其中蓋人亦物也若神行乎其中則人於鬼神上求之矣不疾而速不行而至何爲也曰心之神聖人之神果何物也曰心之精也曰心惟能神否曰物理有之銅山東傾洛鍾西應人氣亦有之其母嚙指其子應之

五行者天之所生以養乎人者也其氣運於天不息其財運用於世不匱其理賦於人爲五倫以天道言之莫大於此故九疇之首

五事者天之所賦而具於人者也貌之恭言之從視之明聽之聰思之叡皆形色中天性之本然也必以敬用則能保其本然之性也不以敬用則身必慢言必悖視聽則昏且窒思慮則粗且淺而本然之性喪矣五者治心之要以人事言之莫切於此故五行之次水火金木待時而成水生於火故天下無相克之理仁義禮智信五者修身立道之本齊家治國之本爲學之本鬼謀本陰陽五行之氣人謀本陰陽五行之理

易者開物成務冒天下之道如斯已而推而極於天地之大反而驗於心術之微其一動一靜循環終始而已易曰天生神物聖人則之天地變化聖人效之河圖洛書聖人則之通於天者河也龍馬負圖而出中於地者洛也神龜戴書而出聖人之德上配天而天降其祥聖人之德下及地而地呈其祥

聖人見禽獸之文始劃八卦感通神明之德以類萬物之情神龜所負者文背上列於數聖人通見其數爲九疇立萬世爲治之法

河圖洛書相爲經緯八卦九宮相位表裡一二三四皆經常之疇法天以治乎人六七八九皆權變之疇法人以驗乎天

天地者陰陽對待之定體伏羲八卦方位造化對待之體文王八卦方位造化流行之用對待非流行不能變化流行非對待不能自行

神明之德不外乎健順動止八者之德萬物之情不止乎天地雷風八物之情神明之德不可見者
也故曰通萬物之情亦可見者也故曰類八卦之象反而求之不外乎吾身之外精可以通神明之德
粗可以類萬物之情精之爲道德性命粗之爲形色聲容內之爲視聽言動外之爲君臣父子大而至
於手足微而至於爪髮皆不外乎八卦八卦何物也曰太極也太極何物也曰至正至中不偏不倚道
之大原也

人徒知七尺軀戴天履地飢食渴飲與造化而已天地之間日月運轉消息盈虛往來屈伸之中孰
知自頂至踵天之與我者有如是至精至妙至廣至大之理是吾身也大而天地微而昆蟲草木幽而
鬼神之理明而事物之跡明可以謀諸人幽可以謀鬼神上極天地之始下極天地之終

吾能反身而誠黙而誠之不言而信之則大足以參天地微足以育庶物幽務愧於鬼神明無怍於
人民與天地相爲終始則萬世之明鑑天地有可變之理聖人有能變之道天地定位聖人可以成天
地之能聖人成天地所不能成明可以酬酢事物之宜幽可以贊出鬼神之命遠宗其道則凡事不在
其道之外近守其法則凡事皆寓其法之中

聖人之道有四焉所謂變化也聖人所劃之卦作卜筮之法言者心中有意之辭制器者其事著於
像卜筮者其事吉凶占動者其事有變化

卜筮者天所示人也人事盡而可以求於天命備是德者伏羲是也聖人懼後世不能知之於是繫
之辭以告之定其辭以斷之曰示則使人有所見曰告則使人有所知曰斷則使人無所疑

易有聖人之道四焉指其所志者易之辭圖書則日月星辰循環始終之度卜筮則金木水火生成
制克之數

蓋天地所以爲造化者陰陽五行而已聖人不能違也天地以其氣生物而理行乎其中聖人以其
理治人而氣參乎其上是以明於天地之道以敎下民卜筮之事聖人未嘗不敬而信之以明鬼神之
德聖人雖一時一事無不敬卜筮

天擇建立卜筮之人非其人不專非其人不可必得其人然後乃命卜筮以定天下之吉凶八卦定
吉凶吉凶生大業

先天圖落筆之初陽劃在右陰劃在左二劃分左右以成行列而爲一符劃不立則乾坤息而變化
不行陰陽二氣交相雜居而成文

通書以妙用爲之神鬼神者造化陰陽之氣誠敬者造化陰陽之理道者本然者也變化者所乘
之氣也陰陽二氣合而成文經天緯地一橫一直一劃一點皆是文理故謂之文文以質爲主裁成天

地之道質以文爲輔輔相天地之宜便是經天緯地道德文

日月星辰天之文列于上金木水火地之文陣于下聖人處於其間裁成輔相以爲用之精之約之
釋一字致之約之則存養之功益密思慮者存養之功精之則省察之功益嚴恐懼者省察之功約之
精之其守不失則所以應物之處無所差違所謂中和也

誠能自強立志則氣亦從之不至於魂玩理養心則志不昏志以神氣則氣不昏氣不昏則有受
政之地聖人之敎可得而成矣統以言之經與權而已經者道之常權者道之變學者雖一劃一點居
常盡乎天地理動靜合乎天地道則天必佑之

天下許多道理皆包藏於卜筮中六劃成卦六位成章天地設位易在其中惟禍福之機也

以筆言記者非一人點劃音聲之文各有正法四方如卜筮能應鬼神如祭祀能享鬼神鬼神之
理在彼我以此理而行之故享應

陰陽之道德依於吾心全德之仁則頃刻周流天地

凡草木禽獸蟲魚微物無不有陰陽之理聖人之心細推鳥獸羽毛之微天産之物飛者陽走者
陰地産之物木者陽草者陰鯉魚背上有三十六鱗陰數神龍背上有八十一鱗陽數鳥獸之文謂之
文禽獸大道術

一物之理一人之氣相爲符同不疾而速不行而至況聖人之心神乎也亦集自家精神則彼之
精神亦集於天文之理某物於草木禽獸某物於身於物爲某物各以例擧之不盡言

學者觸物求之衆物之中各有像可執之物爲柄柄者生物之權

地有形而可執故爲柄在天成象乾主氣故成像像者法之未定

在地成形坤主形故效法法者象之已形變化流行非形像無以見故因形像而變化之跡可見

人順理而成功乃贊天地之化育人在天地之間只是一理然天人各者有分天能生物耕必用人
水能潤物灌必用人火能燁物爨必用人裁成輔相皆人非贊而何

存心則一念全萬理致知則萬事當理會理以本然者故性曰天德命曰天理亦一而已非二物也
如此則氣之偏者變而正柔者變而

剛昏者變而明其不變者生死壽夭有定數也

心猶鏡仁者人心之全體仁猶鏡之明鏡本明被塵垢之一蔽遂不明矣仁與心本是一物被私欲
一隔心違仁却爲二物若私欲旣無則心與人相會合成一物矣

聖人以陰陽之道盡洗其憂世之心望天下爲君子

古人淳質初無文義故卜筮劃卦效以開物成務繫辭自大衍以下皆是卜筮之事開示吉凶冒天下之道推而上通鬼神之德精及於無形下察事物之理粗及於有像

像者摸得其物之形謂之像辭者各指其所爲鼓天下之動存乎辭

卜者因其事而發明劃卦布爻以觀神明其德之事觀其像觀其變捨逆取順玩其辭玩其占避凶趨吉

萬物之體卽鬼神之德所謂體物不可遺能運禍福之機也

鬼神者天理之至也知天理之至所以不惑

聖人者人道之至也知人道之至所以不疑

鬼神便是天地之功用人於良能功用上認取其德鬼神生長斂藏之事是孰使之曰道也然其性情如此也若生而成春長以成夏斂以成秋藏以成冬便是鬼神之功用鬼神雖無形無跡遍體乎萬物之中鬼神之氣入於寸分毫釐絲忽之中以觀消息盈虛之變出入進退之理變化之道莫非神之所爲也

變者不能自變有神而變化者不能自化有神而化明於天地之道察於民之故天人者合也

天之所助者順也人之所助者信也德積則行必有方物積則散必有道道心微者天理之奧也人心危者人欲之萌也道心是義理上見人心是事物上見

一心篤行則日用之間由念慮之微以達于事乃著必能去私取義從是舍非不使一毫人欲之私天理光明正大矣人之行事與天地相爲流通

道在天行在人行有善惡氣各以類應之德各有方氣各有像自五行以至於庶徵皆得其道則協氣成像人蒙休祥五福應之失其道則乖氣成像人罹災央六極應之

惡充者成罪善充者成功得失在於身一德修則凡德必修休咎應於天一氣和則凡氣必和君實造命者也民侖雖稟于天君實造命

休咎徵於天禍福加於人福極通天下人民言之人主不以一身爲福極而以天下人民爲福極

天命之謂性生物得來方始名曰性天以陰陽五行化生萬物理亦賦焉曰命萬物各受所賦之理曰性此道在我無不本於天故道之大原出於天性也理也一而已

天能與人耳目口鼻之形不能使之無飢餓凍餒之患天能賦人仁義禮智信之性不能使之無氣稟物欲之蔽萬物各具其性氣稟不同故其性所近者窺之近者非親近之近其性所近之近

性命之理繼于氣自古性字謂五行之生也各一其性故五性具焉

五性感動而後善惡分萬事出此則其中七情生焉性中有仁義禮智信性者禮之本仁者人之生
理人若不仁則自絶生理

仁義禮智存心則睿治天下之本仁者人心之全體仁者政之本身者人之本心者身之本萬物成
時各成一仁

仁字義字與鬼字對待發於心而自盡則爲仁仁者用之跡驗於理而無違則爲信用者仁之心仁
與天之崇故所知日就於高明而德益大禮與地之卑故所行日進於平實而業益廣治天下之道不
在多端在致敬之間而已

繼善陽也成性陰也此以天命之序而言陰陽也仁者陽也智者陰也此以物受之性而言陰陽
也陽之所以爲陽者皆動而無體陰之所以爲陰者皆靜而有體通陰陽爲一道合天人爲一理幽明
一理幽爲難知神人一道神爲難格通於幽感於神則治人何難有之

心猶活物獨以動物

玄玄妙妙至道之精昏昏黙黙至道之極學者從容涵養至於日深月熟忽有不期而自來力行
則積累之功化生自然無跡之妙也

德至而福自應皆天意所在也

天之生物必因本然裁者根本純固傾者根本搖動培養覆敗之數天非有私意於其間因其物
自取其本也

如人之病若有生氣則藥氣依附而滋生若有死氣則藥氣流散而危殆天下之治亂都在於吾
身之得失矣

鬼神往來屈伸其德是天命之實理天地之理盡於鬼神君者窮神盡力於天道天理油然作雲
沛然河雨一誠終始流行萬物之中

無誠則無物有誠則有物至誠不息則生物之多莫知其所以然也

至誠物用則所以配天地久則有驗

千古以上萬里之外一心所通焉如木之千枝萬葉都是生氣流注貫通

德行於道道得於心則有日新之功恭主一身誠主一心感者自己之道夫性者萬物之一源指
用出於體指體出於用根於天理自然謂之仁形於人心至愛謂之孝眞實無妄謂之誠主一無適胃
之敬

聖人之心天且不違至誠指大經大本之質理至聖指發用神妙之眞理

禮者理也理必有其實然後有其文文者所以文其實也天地節文人事之儀則事死亡如生存曰誠凡祭祀皆然而交於神明者愈遠則其心愈篤報本追遠之心盡則仁孝誠敬之至矣此心久於事物之理則何所不明吾心之誠何所不格哉

天者理也昭昭之天合人心之天理原於天具於人心若逆理則自欺此心之天此欺在天之天禍非自外而來罪及其身

好德之人心所同然同德相應則天理自然合也德者人心之公理必有同德相從如居之有隣也

範圍天地一念不踰時則經緯萬方雖天下之大德乃可動

欲知廣大則於天地觀之欲知變通則於四時觀之欲知陰陽則於日月觀之欲知功德則於聖人觀之

富有者大業日新者盛德生物無窮天地之大業運行不息天地之盛德功及萬世聖人之大業終始日新聖人之盛德

富有者無物不有而無一毫之虧欠日新者無時不有而無一息之間斷藏之而愈有顯之而愈新

出者自內而外故往也入者自外而內故來也今日覆算昨日之故曰數往者順今日逆計來日之故曰知來者逆陰陽一分一合進退之中造化無窮之妙也

日者官領萬物運行不息生生不已天地也聖人也一而已矣

有是時有是才必有時才可以濟世之才與時會合則足以成務知天之可畏必擇人居之知事之可畏必兢業圖之

人與天地一體身與手足一體人與天地不相通心不通身與手足不相通氣不通手足不仁謂之病仁者人之生理天地與我同心

人得天地之心爲心卽謂之仁而善之本善者天地賦與萬物之理

仁者天地生生萬物之心安土敦仁者其德廣大其愛自廣敦乎仁者不失其天地生物之心敦是仁體愛是及物處仁者愛之理愛者仁之用相爲表裡

仁者在己則何憂之有若不在己逐物在外則皆憂

知命者知有命而信如天命故無憂其知益深隨處皆安

大者無不統也廣者無不承也天地之間至大至廣者也天地(至變者四時.至精者日月)至善者至德至善是當行之理至德是自家所得者也聖人(所以極乎上者至嚴至密.所以接乎下者至寬至廣)雖被之所以化於此者淺深遲速其效或有不同吾之所以應於彼者長養涵育其心或未嘗

不一存而不失便是道義之門此生生不已處

聖人之言明其道知其理無窮故樂而玩天下許多道理都在聖人口頭開口道理之門擧古之聖人之言以敎人

天地生萬物而先言人者天地之性人爲最貴萬物皆備於人

乾爲天也爲陰之父坤爲地也爲陽之母萬物分天地男女分萬物察乎此則天地與我幷生萬物與我同體是故聖人親其親長其長而天下平雖一草木一禽獸非其時殺伐者謂之不孝

蓋物有雌雄牝牡之異則父母男女之像其生也皆有先後次序之異則長中老少之像天地之性人爲最貴故以人言之分別耳

一陰一陽此天地生生之理

大哉乾元萬物資始乃繼之者善坤道變化各正性命成之者性繼之善元亨是氣方行而未著事物成之性利貞是氣稟受結成物事

身敎於天下身敎者示以窮行踐履之實言敎於天下言敎者使其歌誦吟詠之得二者不可偏廢以物求理而常玩物理以養性

悠久猶人之元氣博厚猶人之形體植德務其慈息去惡絶其根本

學者於此有以不失其先後之序輕重之倫焉則本末兼存內外交養日用之間無所間隔而從容涵育忽有不期而自來學者之工夫皆在其中德盛仁熟從容中道然後有不期而自來非始學之事

子房之從容孔明之正大事之從容自我由之事之紛亂自我由之

陰陽成像天道之所以立也陰陽氣也剛柔成質地道之所以立也剛柔質也仁義成德人道之所以立也仁義理也道一而已隨時著見故有三才之別而其中各有體用之分焉其實則一太極也

五行是發源處五事是持操處八政是修人事五紀是順天道都是人君之身上不過敬用五事而已此卽自强於暗察致力於謹獨使之無一息間斷則天下平之意以此觀之人君之所任豈不重哉

致敬則人與鬼神二而一不敬則人與鬼神一而二人之於鬼神自當敬之若見得道理分明則須著也

又如卜筮自伏羲堯舜以來皆用之是有此理也人若於事有疑則敬而卜筮決之聖人雖一時一事無不敬卜筮

聖人有功於天下萬世上之天文下之地理中之人倫衣服之原器用之利法度之章禮樂之則推明制作也

聖人像八卦爲治天下南面而立取諸離離陽明卦也萬物相見於離故其像大人取以繼明遍照四方垂拱平章豈不美哉

天生聖人以任斯道也達則爲天地立心窮則繼往聖開來學爲生民之命天道如此也

所行卽是所知非於知之外別有所行也

誠者指鬼神言之鬼神之氣屈伸其德是天命之實理所謂誠也至誠如神誠者自誠也道者自道也誠自誠則自然及物而道亦行於彼物也誠者自心爲體道者自理爲用誠字卽天命之性是物之所以自成也道字卽率性之道是人之所以自行也

聖人淸明在躬志氣如神至誠能知禍福之理則微之顯者卽鬼神

遠取諸物則變化可見矣久於中則必之於外至誠之德著於四方者廣大故配天地惟性有未至於理有未明則與鬼神不相通

博文是致知格物約禮是克己復禮致知格物知之事克己復禮行之事

凡物之理必先有質而後有文文則乃禮之本文必有質而生武必有資而殺失其正理則無序而不和矣

君子立心能知道理故實得於己不求於他矣君子之道有眞理故日見其新小人之道無實德故日見其亡小人專求於利必背義貪不義之材則反有害矣利雖得反爲人所奪事事依於利則利己害人其怨必多小人有財而無德故禍及其身小人由財而招禍君子由財而固德敬事是節用節用則不傷財

長國家而奢侈之心或有時而生自然廣用則害及於民雖有愛民之心民不被其擇矣

國家將興和氣致祥必有禎祥之兆國家將亡乖氣致異必有妖孼之萌衣服歌謠草木之怪謂之妖水旱蝗蟲疾病之怪謂之孼

天災見於上水旱疾病蝗蟲人害生於下人心怨反盜賊幷起外國侵犯如此則雖有聖人乃慾扶持亦無奈何天地變遷禍福之道由民順逆取舍之故聖人豈有別福而賜之曰正心順理而行者是爲福無道之人求榮反求辱自富貴貧賤取舍之間以至終食造次顚沛之頃無時不有然取舍之分明然後存養之功密存養之功密則取舍之分益明矣

古之君子戰戰兢兢靜養動察不使一毫怠慢矣頃刻安危在處心一身收拾重千金

此處以得太高妙然至誠之德在我能至其極則其功效氣像著於天下自然如此能盡其道者惟堯舜而已

蓋堯舜日久月深自有許多博厚高明悠久氣像也悠久者其勢寬緩而不促迫大率功效氣像如三代之治氣像寬緩五伯之治氣像促迫如地勢寬緩則長遠地勢斗峻則短促皆宜寬緩之義物之久則成而不壞不久則雖成易壞至此(悠久)則與天地同用矣

方味之言得於耳者非難知之則行之爲難未知則知之爲難知而至誠行之則不見其難非多述舊聞固不足以建事非博學古訓固不足以立經非徒貴於多聞尤貴於學古也聞而知之非眞知也不學不能知新

我於未作事之前多聞天下古今之理去私擇善而信從之以爲表準焉多見天下古今之事或善或惡而兼識之以爲參考焉

夫多聞見則耳目之知益廣精擇識則心志之知益明雖未能實知其理亦可以爲知之次矣徒學而不思其理則罔且昏矣思者自得也如食必飽耳學而思則知益精思而學則守益固思所以盡至精學所以致廣大學而思則理益明而不局於粗淺思而學則理益實而不荒於高虛非平日積累之功無一朝貫通之效

聖人千言萬語使人不失其本心立心於仁處事於義有猶卽謨慮者也有爲卽施設者也有守卽持操者也此有德之人人則念之焉

聖人因天地陰陽之道立法使人知其寒暑耳聖人必先知道所自來而後敎人陰陽原於天地流行事物則謂之道修此道而敎人則謂之敎有所進則有所見故高者有可攀之理審者有可入之理

天地空虛之中萬物無非氣之死也上古聖賢所謂氣此天地間公共之氣曰祖考亦是公共之氣此身在天地之間便是理與氣凝聚而生天地之間事與天地相關心與天地相通

聖人之道在萬世功在萬世今行聖人之道今傳聖人之心便是天地事物之氣與理相通自組宗以來一氣相傳

人物在天地之間生生不窮者理也氣聚而生氣散而死者氣也氣聚在此則理具於此今氣散而無矣則理何寓也

物自爲父母之生也殊不知父母之生卽天地之生豈於父母之外別有天地生乎正其人倫和順於道德黙契本源處理與義合應處

理出乎天言純乎天此天地言矣言者心之聲行者心之跡言行感應之樞機也人以善爲感應則感應同乎天地故動天地

詩之作也本言志而已方其詩也及其歌也未有歌也未有樂也樂乃爲詩而作非詩爲樂而作也詩出乎志者也樂出乎詩者也詩者本也樂者末也協其音反復而致其意諷詠之間怳然而悟悠然而得忘其傾斜偏小之念達其公平廣大之意

詩之體使人諷詠而正其性情者也斯理也成之在人則爲生性者性人心存乎此理乃道義之門

禮樂敎化曰號令也但能使民行乎其中不能使民洞曉其理非不欲使民曉之也勢有所不能故百性日用而不知也

致禮以治身致樂以治心學者誠能以將敬治其身和樂養其心則禮樂之本得之矣詩自性中而有出非吾心之外物天高地下合同而化天地之間自然禮樂

禮以節人樂以和人書傳以道事詩傳以達意春秋以道義周易以神化天道恢恢豈不大哉談笑微中足以解紛

處世柔爲貴剛强是禍基發言常欲訥臨事當如痴

急地常思緩安時不忘危一生從此計眞個好男兒

金玉瓊房視逆旅石門苔壁儉爲師

絲桐焦尾誰能解竹管絃心自不離

匏落曉星霜可履土牆春柳日常隨

革援甕畢有何益木耟耕牛宜養頤

篤於道者忘於物勤於物者害於道

篤於道者心存義理勤於物者心存淫欲

耳目口鼻聰明道通聰屬耳明屬目睿智屬心審則能思知則能知心者魂魄之合思屬動魂智屬靜魄魂能知來有所未知則思索而知之陽之盡也魄能藏在其已知則存而記之陰之盡也一陰一陽相爲配對天理人慾不能兩立故學者深戒之學貴於自得黙而識之非吾意所及也不視不聞之中自得於心而不忘也

吾心之誠感格於神明之際人無言語勸之也人皆自化而動

寂然不動之時初不能如人之有思亦不能如人之有爲皆純乎天

及其動時而其受命也如響應無有遠近幽深逐知來事物則感以遂通天下之故皆同乎天

變化言功鬼神言用鬼神只是氣而已數亦只是氣而已氣之靈曰神變化之道數法是也變化

鬼神只是氣而已天地之數五十五變化鬼神不越乎其間萬物莫逃乎數七八九六各爲十五陰陽進退互藏其宅進則爲變退則爲化

鬼神往來屈伸皆進退之妙用處也天地之間動靜循環而已更無餘事其循環動靜之理所謂太極兩儀四象八卦自三百八十四爻總爲六十四卦自六十四卦總爲八卦自八卦總爲四象自四象總爲兩儀自兩儀總爲太極無極太極謀得有功處

太極所以爲太極却不離乎兩儀四象八卦太極動而生陽太極靜而生陰動時便是陽太極靜時便是陰太極蓋太極在陰陽之中

太極是生兩儀則先從實理處其生則俱生太極依舊在陰陽之中其理則一其次第須有實理始有陰陽也雖然事物觀之則陰陽函太極推其本則太極生陰陽

洪範肅乂哲謀聖雨屬水肅之反爲狂狂則蕩故常雨暘屬火乂之反爲僣政不治則僣差也僣則亢故常暘暖屬木哲之反則猶豫不明故猶豫猶豫則解緩故常暖寒屬金謀之反則不深密而急躁急則縮栗故常寒風屬土聖之反則閉塞不通爲蒙蒙則昏其心思無所不入以濟四者之惡故常風

雨暘暖寒風行乎歲月日時之中其災祥與人事相應在天有五行在人有五事五行與五事天人合矣

人者鬼神之會也思者動魂未知則思而索之動

心者魂魄之合也知者靜魄已知則存而記之靜

遊者止之變

亡者存之變

八政者人之所以因乎天

五紀者天之所以示乎人

皇極者君之所以建極也

三德者治之所以應變也

稽疑者人而聽於天也

庶徵者推天而徵於人也

福極者人而感而天而應也

五福曰響所以勸也

六極曰威所以徵也

五事曰敬所以誠身也

八政曰農所以厚生也

五紀曰協所以合天也

皇極曰建所以立極也

三德曰乂所以治民也

稽疑曰明所以變惑也

庶徵曰念所以省驗也

本之以五行敬之以五事厚之以八政順之以五紀皇極所以建也

乂之以三德明之以稽疑　　　　皇極所以行也

驗之以庶徵徵之以福極

一曰五行二曰五事三曰八政四曰五紀五曰皇極六曰三德七曰稽疑八曰庶徵九曰五福六極

五福六極其數共十有一大衍數

洪範之法不出於九疇之外　　　彝倫之道舍此而何以哉

彝倫之道常在於九疇之中

周易不言五行五行不言用無適而非用也

洪範不言陰陽皇極不言數非可以數明也

天無體二十八宿爲天體(日月從角起.天亦從角起)二十八日周天度數復行天無度日月五星爲天度(二十八宿爲經.日月五星爲緯)欽若昊天曆像日月星敬授人時

日有道道有德德有化化有育育有蒼生蒼生有億兆億兆有願戴唐堯

道者昭著於人倫五行之下得其道則有衆休之徵失其道則有衆咎之徵休咎徵於天得失在於人雨暘暖寒風行乎歲月日時中不違時則草木百穀豊茂失其時則草木百穀不實其害及於人民民地麗于土猶星之麗于天庶民衆多如星之衆多之像蓋民之安否察於星星之風雨本於日月之九道本於日故庶民惟星繼之以日月之行

曆數所以推天運之常　　　星搖則民勞也

庶徵所以驗人事之感

五星同色天下偃兵歌舞太平以此觀之庶民之安否驗之於星是爲信也聖人心術淵源之所

寓精神流通之所及豈可以窺哉

在天之天不可得以見在器之天可得以見矣

形而上者謂之道形而下者謂之器形而上者是理形而下者是物道非器不形器非道不立

道不離器
　　　　　　蓋陰陽亦器也理與器未嘗離也
器不離道

蓋人身亦器也言語動靜便是人之理理在器上(器亦道,道亦器)理在其中

世界有意此山出紀運金天藏物華

易與天地準故能彌綸天地之道彌有終竟聯合之意彌則合萬爲

一

易曰井道不可不革故受之以革革物莫若鼎故受之以鼎主器者莫若長子故受之以震革去舊
鼎取新

彌勒佛立於鼎上　　　　　　　　　　　　　　　　　　　　　　　　　　　　　(隱)

佛之形體仙之造化儒之凡節九年洪水七年大旱

千秋萬歲歲盡 佛仙儒　　　　　　　　　　　　　　　　　　　　　　　　　　(現)

萬國活計南朝鮮清風明月金山寺　　　　　　　　　　　　　　　　　　　　　　(隱)

心靈神臺享員南無阿彌陀佛　　　　　　　　　　　　　　　　　　　　　　　　(現)

天爲父
　　　　　　母岳山金山寺卽履德之基也　　　　　　　　　　　　　　　　　(隱)
地爲母

基之不修慈善何立　　　　　　　　　　　　　　　　　　　　　　　　　　　　(現)

三層殿鎮撫東洋三國之佛　　　　　　　　　　　　　　　　　　　　　　　　　(隱)

火風鼎器藏於世待時而用則何不利乎　　　　　　　　　　　　　　　　　　　　(現)

佛有自然之像則有自然之理常人見其像昧其理聖人

見其像知其理使人成立道器以利天下之衆生微哉微哉

道在而不可見事在而不可聞勝在而不可知

病勢大人大義無病大病出於無道小病出於無道得其有道則大病勿藥自效小病勿藥自效
忘其君無道忘其父無道忘其師無道

天下紛紜自作死當以不安聖上之心以不安聖父之心以不安教師之心世無忠世無孝世無烈

是故天下皆病有天下之病者用天下之藥厥病乃愈宮商角徵羽聖人乃作先天下之職先天下之業職者醫也業者統也醫統不可不文字戒於人孔子魯之大司寇孟子善設齊梁之君東有大聖人曰東學西有大聖人曰西學都是敎民化民

元亨利貞奉天地道術藥局在全州銅谷生死判斷

天地生氣始於東方日本出於東

益者三友損者三友其瑞在東言聽神計用

天地人神有巢文天文陰陽政事政莫大於文武文武之政布在方策人道主於有爲最爲敏政地道主於發生最爲敏樹文武之擧息在於人人有志於政尙法其文武之政政者以正不正之人

近日日本文神武神幷務道通巳亥天地之門戶七星天地樞機斗柄星辰七星主張七星經爲政以德譬如北辰所居衆星拱之所居至靜能制動所務至寡能服衆

德者本財者末德行於道道得於心則有日新之功所行昭著萬古明鑑佛日出時降法雨露世間眼目今茲始開有緣者皆悉聞知好道遷佛佛成人事

千里湖程孤棹遠

萬方春氣一筐圓

"후천에서는 사람마다 불로불사하여 장생을 얻으며 궤합을 열면 옷과 밥이 나오고 만국이 화평하여 시기 질투와 전쟁이 끊어지리라. 또 천하가 한 집안이 되어 위무와 형벌을 쓰지 않고도 조화로써 창생을 법리에 맞게 다스리리라. 벼슬하는 자는 화권이 열려 분에 넘치는 법이 없고 백성은 원울과 탐음의 모든 번뇌가 없을 것이며 병들어 괴롭고 죽어 장사하는 것을 면하여 불로불사하며 빈부의 차별이 없고 마음대로 왕래하고 하늘이 낮아서 오르고 내리는 것이 뜻대로 되며 지혜가 밝아져 과거와 현재와 미래와 시방 세계에 통달하고 세상에 水 火 風 삼재가 없어져서 상서가 무르녹는 지상 선경으로 화하리라."

2

中和經 註解

중 화 경   주 해

相授心法상수심법 **允執厥中**윤집궐중

서로 전해주는 심법은 진실로 그 중을 잡으라는 것이나라.

하늘은 당연히 터럭만큼도 편벽되거나 치우침이 없이 만물에게 무한한 은혜를 베푸시므로 하늘의 성정을 中이라 하는 것이며 하늘에서 전해지는 마음을 잡으라는 말씀입니다.

中也者중야자 **天命之性**천명지성 **萬理具備**만리구비
天變萬化천변만화 **皆從此出**개종차출
乃天下之大本내천하지대본 **而爲道之體**이위도지체

中이라 하는 것은 천명지성이며 만 가지 이치를 구비하고 있어 천 번 변하고 만 가지로 화하는 것이 모두 이로부터 비롯되는 것이니 곧 천하의 대본이 되고 道의 체가 되느니라.

和也者화야자 **卽率性之謂**즉솔성지위 **四達不悖**사달불패
天下古今천하고금 **皆由此出**개유차출
天下之達道천하지달도 **而爲道之用**이위도지용

和라고 하는 것은 즉 성의 이치에 따르는 것이며 사방 어느 곳에서도 어그러지지 않으니 천하고금이 모두 이로부터 비롯된 것이며 곧 천하의 달도가 되고 道의 용이 되느니라.

夫부 道之體用도지체용 不外乎吾之性情불외호오지성정
人以知인이지 己之有性기지유성
而不知其出於天이부지기출어천

무릇 道의 체와 용은 나의 성정에서 벗어날 수 없는 것이니 사람이 자신에게 性이 있는 줄은 알아도 性이 하늘에서 전해지는 줄은 모르고 있느니라.

본래 천지의 마음인 상제님 도덕이 사람뿐만 아니라 금수 초목, 삼라 만상에 항시 전해지는 것이며 사람이 性의 이치를 바르게 행할 수 있어야 비로소 체와 감응이 되어 체를 얻을 수 있게 되는 것입니다.

人以知事之有道인이지사지유도 而不知其由於性이부지기유어성

사람이 하는 일에 道가 있는 줄은 알아도 道가 性에서 비롯되는 줄은 모르고 있느니라.

상제님께서 [道의 근원이 끊어지니 원시의 모든 신성과 불과 보살들이 회집하여 인류와 신명계의 겁액을 구천에 하소연하였으므로…] 하심이 道가 행해지게 만드는 근본인 性이 끊어졌다는 말씀입니다.
뒤에 있는 장에서 [靈者體之存(영자체지존)]이라 하심과 같이 체로 존재하는 靈이 끊어졌다는 말씀이며 때가 되면 연원줄로 다시 전해주시게 되므로 靈源出(영원출)이라 하신 것입니다.

萬物만물 各具一性각구일성
所以소이 萬殊者만수자 一本也일본야

만물은 하나의 성을 구비하고 있으니 만 가지로 다르다 하여도 근본은 하나이니라.

우주의 모든 현상을 一太極(일태극)으로 표현하듯이 천하 사물도 모두 태극의 이치를 가지고 있으므로 근본은 같다고 하신 것입니다.

天下事物천하사물 雖有萬殊수유만수 其理則一기리즉일
惟吾心之一理유오심지일리 以貫通乎이관통호 天下事物천하사물

천하 사물이 만 가지로 다르다 하여도 이치는 하나이니 오직 내 마음의 한 이치로 천하 사물에 관통하라.

夫부 事物사물 萬殊而有不齊者만수이유부제자
各得其理也각득기리야 學者학자
潛心於聖人之業잠심어성인지업 宜於此求焉의어차구언

무릇 사물이 만 가지로 다르고 모양이 같지 않다 하여도 각각 그 이치를 얻고 있으니 학자가 잠심하여 성인의 道를 공부할 때는 마땅히 이곳에서 진리를 구하여야 하느니라.

[대학상장]의 [격물치지]라 하는 것도 이를 뜻하는 것입니다.

聖人之心성인지심 未感於物也미감어물야
則其體즉기체 廣大虛明광대허명 絶無毫髮偏倚절무호발편의
所謂소위 天下之大本也천하지대본야

성인의 마음이 물에 미치지 않을 때는 그 체가 광대하고 투명하며 터럭만큼도 편벽되거나
치우치지 않아 이른바 천하의 대본이 되느니라.

聖人之心성인지심 感於物也감어물야
則喜怒哀樂즉희노애락 各隨所感而應之각수소감이응지
無一不中節者무일불중절자
所謂소위 天下之達道也천하지달도야

성인의 마음이 물에 미칠 때는 즉 희노애락이 각각 따라서 응하게 되며 하나라도 중절에
서 벗어나지 않으니 이른바 천하의 달도가 되느니라.

인심은 우리 쪽이니 남의 쪽이니 분별을 두어 서로 자기 쪽이 잘하면 기뻐하고 좋아 하지
만 상제님 도덕은 분별을 두시는 사가 전혀 없으시어 치우치지 않으시므로 희로애락이 공
명정대하고 중절에 맞게 응하게 된다는 뜻입니다.

以其本體而言之이기본체이언지 如鏡之여경지
未有所照則미유소조즉 虛而已허이이
如衡之여형지 未有所加則平而已미유소가즉평이이

그 본체에 대하여 말을 하면 아무 비침이 없는 거울과 같아 맑고 투명하며 아무 중량이
없는 저울과 같아 지극히 평행하느니라.

至言其用則지언기용즉 **以其至虛**이기지허
而好醜無所遁其刑이호추무소둔기형 **以其至平**이기지평
而輕重不能違其則이경중불능위기칙

그 용을 말하면 지극히 투명하여 선하고 추한 것이 자신을 감추지 못하며 지극히 평행하여 아무리 가볍고 무거운 것이라 하여도 평행을 어긋나게 하지 못하느니라.

此所謂차소위 **中和而**중화이 **天地位**천지위 **萬物育**만물육
雖天下之大수천하지대 **不外乎**불외호 **吾心造化之中**오심조화지중

이것이 소위 중화이고 천지가 바로 되고 만물이 자라며 천하가 아무리 크다 하여도 내 마음의 조화 중에서 벗어날 수 없느니라.

마음이 中이 되면 음양이 둘이면서도 하나처럼 되어 서로 부족한 것을 채워주고 덕성을 합하여 합덕하고 조화가 이루어지는 것이며 이로써 만물이 화육이 되는 것입니다.
곧 음양이 태극의 형상을 이루는 것이며 태극의 마음이 中인 것입니다.

心者심자 神明之舍所신명지사소
所以소이 交於神明之本교어신명지본
夫事神之道부사신지도 必在於敬필재어경

마음이라는 것은 신명이 머무르는 처소이며 소이 신명과 사귀는 근본이 되느니라.
신명을 모시는 道는 반드시 경(敬)에 있느니라.

敬則此心收斂경즉차심수렴 無所私曲而能直무소사곡이능직
直則此心虛明직즉차심허명 無所雜亂而무소잡란이
能淸然後능청연후 能通神明능통신명

마음을 경건히 하면 삿된 마음이 잡혀 능히 바르게 되고 마음이 바르면 투명하고 밝아져
잡란하던 마음이 능히 청정해지고 이후에 능히 신명과 통할수 있느니라.

學者학자 誠能虛心성능허심 以體天下之物이체천하지물
則精義妙道즉정의묘도 莫不昭然而막불소연이
接於吾之心目然後접어오지심목연후
眞知其道器之調合而진지기도기지조합이
顯微之無間也현미지무간야

학자가 성을 다하고 청정한 마음으로 천하지물을 체득하면 곧 정의묘도가 밝지 않음이 없
어 내 마음의 눈에 접목된 후에 진실로 그 도기의 조합을 알게 되리니 미세한 것까지 낱낱
이 드러나지 않음이 없으리라.

精義妙道(정의묘도)는 [천하지물]이라 하심과 같이 大道를 뜻하시며 지극히 정밀하고 의로
우며 신묘한 능력을 가지고 있는 신물이라는 뜻입니다.

寶鑑보감 照與不照조여부조 明未嘗息명미상식
洪鐘홍종 叩與不叩고여부고 鳴未嘗已명미상이

보배와 같은 거울은 비추건 안 비추건 항상 밝음을 잃지 않으며 위대한 종은 치건 안 치건 항상 울림을 그치지 않느니라.

道는 억겁의 세월이 지난다 하여도 항상 밝고 투명하며 마치 일월이 항시 만물을 비추어 주듯이 동정순환하면서 온 천지에 지극한 덕을 전해주는 존재이므로 하신 말씀입니다. 日月은 빛이 전해지므로 거리에 따라 제한이 따르지만 道는 마음이 전해지는 것이므로 가깝고 먼지에도 전혀 구애됨이 없이 온 우주에 두루 펼쳐지는 기운입니다.

天用천용 雨露之薄우로지박 則必有萬方之怨즉필유만방지원
地用지용 水土之薄수토지박 則必有萬物之怨즉필유만물지원
人用인용 德化之薄덕화지박 則必有萬事之怨즉필유만사지원

하늘이 비와 이슬을 박하게 쓰면 반드시 만방에 원한이 생기며 땅이 물과 흙을 박하게 쓰면 반드시 만물에 원한이 생기게 되고 사람이 덕을 박하게 쓰면 반드시 만사에 원한이 생기느니라.

衆陰之中중음지중 一陽始生일양시생
天地之心천지지심 可見가견
衆惡之中중악지중 一善始生일선시생
聖人之心성인지심 可見가견
天用천용 地用지용 人用인용 統在於心통재어심

중음 중에서 하나의 양이 생기면(봄에 싹이 트듯이) 천지의 마음을 가히 볼 수 있을 것이요,
중악 중에서 하나의 선이 생기면 성인의 마음을 가히 볼 수 있으리라.
하늘과 땅과 사람이 쓰는 것이 모두 마음에 있느니라.

性者성자 乃天命之全體내천명지전체
人心之至正인심지지정 所謂體用소위체용

性은 곧 천명의 전체를 뜻하는 것이며 사람 마음의 지극한 바름이고 이른바 체와 용이 있느니라.

[천명지성]인 인의예지신을 합하여 성(性)이라 한다는 말씀입니다.

體所以立체소이립 心之誠爲本심지성위본 虛靈心之體허령심지체
用所以行용소이행 道之行爲用도지행위용 智覺心之用지각심지용

체는 소이 세우는 것이며 마음이 진실한 것이 근본이 되며 맑고 투명한 영이 체로 존재하는 것이니라.
용은 행하는 것이고 道를 행하는 것이 용이 되고 지각이 마음의 용이 되느니라.

虛靈(허령)을 사전에서는 [잡된 생각이 없고 마음이 신령하며 포착할 수는 없으나 그 영험이 불가사의하다] 하듯이 털끝만 한 사가 없는 道의 체를 뜻하며 한편으로는 진이 없는 것을 虛靈이라 하듯이 글자는 같아도 뜻은 서로 상반된 것입니다.

靈者體之存영자체지존 其體謂之道기체위지도
道之用不可窮도지용불가궁 智者用之發지자용지발
其用謂之神기용위지신 神之用不可測신지용불가측

영(靈)은 체로 존재하는 것이며 그 체를 道라고 하며 道의 용은 다함이 없느니라.
지각하는 것이 용의 시작이며 그 용을 신이라 하고 신의 용은 가히 헤아릴 수 없느니라.

이기(理氣)라 하듯이 체에 의탁하여 용사하는 신을 기(氣)라 하는 것이며 주역이 곧 신명의 용사를 밝혀놓은 것입니다.

寂者感之體적자감지체 其體甚微기체심미 理無不明이무불명
感者寂之用감자적지용 其用深顯기용심현 誠無不格성무불격
物無不備물무불비

적(寂)이라 하는 것은 감의 체이며 그 체는 심히 깊고 세밀하여 이치가 밝지 않음이 없고 감(感)이라 하는 것은 적의 용이며 그 용이 심히 깊은 곳에서 출현하므로 성을 다하면 이르지 못하는 곳이 없으며 갖추지 못한 물이 없느니라.

감이 천지에 존재하는 모든 물을 포용하고 있으므로 갖추지 못한 물이 없다고 하신 것입니다.
性의 체인 영(靈)에 동(動)과 정(靜) 두 기운이 구비되어 있어 항시 두 기운이 순환 반복하는 것입니다.
정(靜)하는 기운이 곧 적(寂)이며 적(寂)의 용(用)인 감(感)과 통하는 것이 道에 통하는 것입니다.

誠者自誠也성자자성야 造化有造化用조화유조화용 用無不致용무불치
道者自道也도자자도야 人事有人事用인사유인사용

성은 스스로 성이요 조화에 있어서 조화의 용이 되며 용이 이르지 못하는 곳이 없느니라.
道는 스스로 道이며 인사에 있어서 인사의 용이 되느니라.

뒤에 있는 장에서 誠은 스스로 마음을 가지고 있는 체로 존재하며 자연히 물에 전해져 道가 행해지게 한다 하시고 귀신의 기운이 굴신하는 덕이 誠이라 하심과 같이 독립적인 존재이므로 自誠이라 하신 것입니다.
왕래굴신하는 귀신의 지극한 덕인 誠이 물에 전해져 음양이 합덕 조화를 이루게 하는 것이며 조화가 무궁하므로 용이 이르지 못함이 없다고 하신 것입니다.
道라 하는 것도 誠이 물에 전해져 [태극의 원리로 음양이 자연히 조화가 이루어지는 것을 뜻하는 것이므로 自道라 하신 것입니다.

사람도 마찬가지로 誠을 체득하여 인간지사에서 쓰면 [태극의 진리]가 실현이 될 수 있으므로 인사의 용(用)이 된다고 하신 것입니다.

사람이 道를 얻으면 본인의 의지와 전혀 상관없이 道의 지극한 덕이 사람뿐만 아니라 만물에 두루 전해져 道가 행해지도록 만드는 것입니다.
옛 성인들이 시세가 불리하면 道를 지키기 위하여 道를 가지고 은둔한다는 말이 있는 것도 이 때문입니다.
道는 당연히 있는 줄 알고 사람에게는 당연히 도통할 수 있는 기운이 있는 줄 착각하기도 하지만 체(體)를 체득할 수 있어야 득기유도(得其有道)가 되는 것이며 도통도 가능해지는 것입니다.

心外無理심외무리 **理外無事**이외무사
一心之理일심지리 **盡貫衆理**진관중리
學者학자 **進德修業**진덕수업
必以天地聖人필이천지성인 **爲法焉**위법언

마음 외에 이치가 없고 이치 외에 일이 없으며 일심의 이치가 모든 이치에 통할 수 있느니라.
학자가 진덕수업을 할 때는 반드시 천지성인을 모범으로 삼아야 하느니라.

상제님께서 [天是天非修道道(천시천비수도도) 不求俗地得長生(불구속지득장생)]이라 하심과 같이 하늘의 올바른 성정을 추구하는 것이 수도이고 하늘의 성정이 곧 道이며 음양 가운데 서로 자기 쪽만 중히 여기고 위할 줄 알아 온갖 반목과 불화를 일으키는 속세의 그릇된 관념을 넘어서 치우치지 않아 태극을 이루게 할 수 있는 하늘의 성정을 체득할 수 있어야 장생(長生)을 얻을 수 있는 것입니다.

人者인자 鬼神之會也귀신지회야
人之虛靈智覺인지허령지각 無異於鬼神무이어귀신
人之始生인지시생 精與氣而已정여기이이
精氣爲物정기위물 遊魂爲變유혼위변
陰精陽氣음정양기 聚而成物취이성물
總言총언 魂遊魄降혼유백강 散而成變산이성변

사람은 곧 귀신들의 모임이니라.
사람의 허령 지각도 귀신과 다르지 않으며 사람이 태어나 살아가는 것도 정과 기일 뿐이니라.
정과 기가 몸을 이루게 하고 유혼이 변하게 하는 것이며 음인 정(精)과 양인 기(氣)가 모여 물을 이루게 하느니라.
통틀어 말하면 혼은 올라가고 백은 내려와 흩어져 변화를 이루게 되느니라.

精氣者정기자 自無而有자무이유
自無而有자무이유 神之情也신지정야
遊魂者유혼자 自有而無자유이무
自有而無자유이무 鬼之情也귀지정야

정기(精氣)는 본래 없는 것이나 있게 되는 것이므로 신이 하는 일이며 유혼(遊魂)은 본래 있는 것이나 없는 것처럼 되는 것이므로 귀가 하는 일이니라.

自無而有故자무이유고 顯而爲物현이위물
神之狀也신지상야
自有而無故자유이무고 隱而爲變은이위변
鬼之狀也귀지상야

본래 없는 것이나 있게 되는 것이므로 나타나서 물을 이루는 것은 신이 이루는 일이요, 본래 있는 것이나 없는 것처럼 되는 일이니 은밀히 변하는 것은 귀가 이루는 일이니라.

陰陽之精음양지정 五行之氣오행지기
(氣聚爲精기취위정 精聚爲物정취위물)
及其散也급기산야
陰陽五行음양오행 各歸其本각귀기본
魂陽反於天혼양반어천 魄陰反於地백음반어지

음양의 정과 오행의 기가 흩어질 때는(기가 모여서 정이 되고 정이 모여서 물이 된다) 음양오행이 각기 근본으로 돌아가게 되느니라.
혼은 양이므로 하늘로 돌아가고 백은 음이므로 땅으로 돌아가니라.

鬼神귀신 何爲而有狀하위이유상 狀且無也상차무야
何爲而有情하위이유정
曰왈 物者물자 具是形者也구시형자야
魂止則物存혼지즉물존 遊者止之變유자지지변

귀신은 어찌 상이 있으며 또한 상이 있으면서도 없고 어찌 정이 있을까?
말하자면 물은 형을 갖추고 있는 것이라 혼이 머무르면 물이 존재하게 되고 움직이는 것은 정지되어 있는 것이 변한 것이니라.

魂者혼자 使是形者也사시형자야
魂遊則物亡혼유즉물망 亡者存止變망자존지변
觀其聚散則관기취산즉 鬼神之情狀귀신지정상
可知也가지야

혼은 형을 갖추고 있는 것을 부리는 존재이니라.
혼이 떠나면 물이 망하게 되고 망자는 존재하는 것이 변한 것이니라.
그 모이고 흩어지는 것을 살펴보면 귀신의 정상을 가히 알 수 있느니라.

精者魄也정자백야 耳目之視聽爲魄이목지시청위백
氣者魂也기자혼야 口鼻之呼吸爲魂구비지호흡위혼
二者合而成物이자합이성물

정(精)은 백이요, 귀와 눈이 보고 듣는 것은 백이 하는 일이요, 입과 코가 호흡하는 것은
혼이 하는 일이니라.
둘이 합하여 물이 이루어지느니라.

魂也者혼야자 神之感也신지감야
魄也者백야자 鬼之感也귀지감야
合鬼與神敎之至矣합귀여신교지지의

혼은 신이 감응하는 곳이요, 백은 귀가 감응하는 곳이니라.
귀와 신이 합하여 물을 이루고 하는 일을 가르치는 것이 가르침의 지극함이니라.

死則謂魂魄사즉위혼백 生則謂精氣생즉위정기
天地之間천지지간 公共底鬼神공공저귀신

사후에는 혼백이라 하고 생전에는 정기라 하나니 천지지간에 두루 퍼져 있는 것이 귀신이
니라.

五行一陰陽오행일음양 陰陽一太極음양일태극
未嘗離也미상리야
水火金木수화금목 待時而成대시이성 水生於火수생어화
故天下無相克之理고천하무상극지리

오행은 하나의 음양이며 음양은 하나의 태극과 본래 떨어질 수 없느니라.
수화금목이 때를 기다려 이루어지며 불에서 물이 나오니 천하가 상극이 없는 이치이니라.

오행에는 본래 상극이 없다는 말씀이며 앞으로 오는 세상에서는 천하 사람들이 오성(五性)
을 바르게 행하는 세상이 오게 되므로 상생만 하는 세상이 이루어진다는 것입니다.

五行造化之初오행조화지초 一燥一濕일조일습
濕之流爲水습지류위수 濕之融爲木습지융위목
燥之爍爲火조지삭위화 燥之凝爲金조지응위금
其融結爲土기융결위토

오행의 조화가 이루어지는 초에는 한 번은 마르고 한 번은 습해졌느니라.
습한 기운이 흘러 물이 되고 습한 기운이 뭉쳐 나무가 되었으며 마른 기운이 타서 불이
되고 마른 기운이 응결하여 금이 되었나니 두 기운이 융결하여 토가 되었느니라.

自輕清重濁자경청중탁 先天五行之體선천오행지체
四時主相生사시주상생 六腑主相克육부주상극
后天五行之用후천오행지용 其體對立기체대립 其用循環기용순환

본래 가볍고 맑으며 무겁고 탁한 것이 선천적인 오행의 체이며 사시는 주로 상생을 하고
육부는 주로 상극을 하느니라.
후천적인 오행의 용은 체는 대립하고 용은 순환하느니라.

五行之質오행지질 存於人身존어인신 爲肝肺心脾腎위간폐심비신
五行之神오행지신 舍於人心사어인심 爲仁義禮智信위인의예지신
質者其粗也질자기조야 神者其精也신자기정야

오행의 질이 사람 몸에 있으니 간 폐 심장 비장 신장이 되고 오행의 신이 사람 마음에 주
어졌으니 인의예지신이 되느니라.
질은 거친 것이요 신은 정(精)이니라.

五行有五事오행유오사 貌言視聽思모언시청사
貌光澤故屬水모광택고속수 言發於氣故屬火언발어기고속화
金聲清亮故금성청량고 聽屬金청속금
眼主肝故屬木안주간고속목 四者皆原於思사자개원어사

오행에는 다섯 가지 하는 일이 있으니 얼굴 말 보고 듣고 생각이니라.
얼굴은 광택이 있는 고로 水에 속하고 말은 기가 발하는 것이므로 火에 속하고 쇳소리는
청량하므로 귀는 金에 속하고 간을 주관하는 것은 木이니 눈은 木에 속하느니라.
네 가지는 모두 생각에 근본을 두느니라.

亦猶역유 水火金木수화금목 皆出於土개출어토
五行以土爲主오행이토위주 五倫以信爲主오륜이신위주
五事以思爲主오사이사위주

마찬가지로 수 화 금 목이 모두 토에서 나오니 오행은 토가 위주가 되고 오륜은 신이 위주
가 되며 오사는 생각이 위주가 되느니라.

土居中央토거중앙 心亦虛中而居中央심역허중이거중앙
天地之中央心也천지지중앙심야
故東西南北고동서남북 身依於心신의어심

토는 중앙에 있으며 마음도 역시 투명하여 中이므로 중앙에 있느니라.
천지의 중앙은 마음이며 고로 사방의 모든 물은 마음에 의지하여 존재하느니라.

思者動魂사자동혼 智者靜魄지자정백 思者心之用사자심지용
謨度其事모탁기사 人物始生인물시생

생각하는 것은 움직이는 기운인 혼이 하는 것이며 아는 것은 고요한 기운인 백이니라.
생각하는 것은 마음의 용이며 일을 꾀하고 도모하여 사람과 물이 태어나고 살아가게 하느
니라.

　　　　　　　　중화경 주해

精之凝而爲貌정지응이위모 精之顯而爲視정지현이위시
氣之出而爲言기지출이위언 氣之藏而爲聽기지장이위청
其主宰爲思기주재위사

정이 뭉쳐서 얼굴이 되고 정이 나타나 시력이 되며 기가 나와 말이 되고 기가 내재되어 청각이 되며 그것을 주재하는 것은 생각이니라.

精濕而氣燥정습이기조 精實而氣虛정실이기허
精沈而氣浮정침이기부 故精爲貌而氣爲言고정위모이기위언

정은 습하고 기는 마른 기운이며 정은 실하고 기는 허하며 정은 가라앉고 기는 뜨므로 정은 얼굴이 되고 기는 말이 되느니라.

精之盛者정지성자 濕之極故습지극고 爲木爲肝爲視위목위간위시
氣之盛者기지성자 燥之極故조지극고 爲金爲肺爲聽위금위폐위청
貌與視屬精故모여시속정고 精衰而目暗정쇠이목암
言與聽屬氣故언여청속기고 氣衰而耳聾기쇠이이롱
此理曉然者也차리효연자야

정이 성하다는 것은 습한 기운이 극한 것이니 木이 되고 간이 되고 눈이 되며 기가 성하다는 것은 마른 기운이 극한 것이니 金이 되고 폐가 되며 귀가 되느니라.
얼굴과 눈은 정에 속하므로 정이 쇠하면 시력이 어둡게 되며 말과 귀는 기에 속하므로 기가 쇠하면 청각이 약하게 되니 이와 같은 이치는 훤히 알 수 있는 일이니라.

精衰則氣衰정쇠즉기쇠 精盛則氣盛정성즉기성

無間隔也무간격야

醫書所屬而疑之의서소속이의지 則不知變之論也즉부지변지론야

정이 쇠하면 기도 쇠하고 정이 성하면 기도 성하게 되니 서로 떨어질 수 없느니라.
의서에서도 밝힌 것을 의심한다면 변하는 이치를 모르는 것이니라.

恭屬水공속수 水有細潤意思수유세윤의사

貌屬金모속금 金有精密意思금유정밀의사

人之擧動인지거동 亦欲細潤역욕세윤

人之爲謨인지위모 亦貴精密역귀정밀

鬼神之實귀신지실 不越乎불월호 陰陽兩端而已음양양단이이

공손한 기운은 水에 속하며 水는 세밀히 세척하여 윤택하게 하는 뜻이 있느니라.
(사람이 꾀하는) 모습은 金에 속하며 金은 정밀하게 하는 뜻이 있느니라.
사람의 거동도 역시 깔끔하게 하고자 하며 사람이 꾸미는 일도 역시 정밀한 것을 귀하게
여기니 귀신의 실상도 음양 양단에서 벗어날 수가 없느니라.

大哉대재 天地之運천지지운
日往月來爲夜일왕월래위야 月往日來爲晝월왕일래위주
孰測其所以然哉숙측기소이연재 曰道也왈도야
聖人성인 乃能通而知者也내능통이지자야

크도다 천지의 운행이요 해가 지고 달이 떠서 밤이 되고 달이 지고 해가 떠서 낮이 되니
그와 같은 자연의 이치를 깊이 헤아리면 왈 道이니라.
성인은 능히 통하여 아는 사람이니라.

往者屈也왕자굴야 來者伸也래자신야
晝夜者주야자 一日之屈伸일일지굴신
死生者사생자 一世之屈伸일세지굴신
寒暑者한서자 一歲之屈伸일세지굴신
古今者고금자 萬世之屈伸만세지굴신
聖人何以通성인하이통 以知之用易이지지용역

가는 것은 굽히는 것이요, 오는 것은 펴는 것이라.
낮과 밤은 하루의 굴신이요, 죽고 사는 것은 한 세월의 굴신이요, 춥고 더운 것은 한 해의
굴신이요, 옛적과 현재는 만세의 굴신이니라.
성인은 어찌 통하였는가? 역을 사용하여 알게 되었느니라.

通乎晝夜之道통호주야지도 知其死生之道지기사생지도
知生之道지생지도 則知死之道즉지사지도
盡事人之道진사인지도 則盡事鬼之道즉진사귀지도
死生人鬼사생인귀 一而二일이이 二而一者也이이일자야

낮과 밤의 道와 통하면 죽고 사는 道를 알게 되며 사는 道를 알면 죽는 道를 알게 되고 사람의 道를 다하면 귀신의 道를 다하는 것이니 죽음과 삶, 사람과 귀신은 하나이면서 둘이고 둘이면서 하나이니라.

冬寒夏暑者동한하서자 陰陽也음양야
所以運動變化者소이운동변화자 神也신야
神無方신무방 易無體역무체
卽즉 所謂소위 天地천지 鬼神귀신 幽明유명
生死曰생사왈 陰陽也음양야

겨울은 춥고 여름은 더운 것은 음양이요, 소이 운동변화하게 하는 것은 신이라.
신은 통하지 않는 곳이 없으며 역은 형체가 없으니 즉 이른바 하늘과 땅, 귀와 신, 그윽한 것과 밝은 것 삶과 죽음이 곧 음양이니라.

乾坤定於天地건곤정어천지 剛柔繼於動靜강유계어동정
貴賤陣於尊卑귀천진어존비 吉凶生於事物길흉생어사물
變化現於形體변화현어형체 皆非聖人之爲也개비성인지위야

건곤이 정해져 하늘과 땅이 되고 강하고 부드러운 것이 이어져 동과 정이 되며 귀하고 천한 것이 펼쳐져 높고 낮은 것이 되며 길하고 흉한 것이 나타나 사물이 되느니라.
변화를 이루어 형체가 되어 나타나는 물은 모두 성인이 하는 일이 아니니라.

天地判천지판 陰陽之來음양지래 本自有之본자유지
聖人準之성인준지 以爲敎爾이위교이
學貴於自得也학귀어자득야

천지판에 음양이 오는 것은 본래 자의에 의한 것이니라.
성인이 이를 준하여 너에게 가르치는 것이니 학문은 스스로 얻는 것이 귀한 것이니라.

天之所以爲天者천지소이위천자 不外乎불외호 陰陽五行음양오행
天地一物천지일물 陰陽一物음양일물

하늘이 소이 하늘이어도 음양오행에서 벗어날 수 없으니 천지는 하나이고 음양도 하나일
뿐이니라.

物之來물지래 遠自八荒之上원자팔황지상
深者六極之下심자육극지하 吾能知之오능지지
天地之鑑也천지지감야 萬事之照也만사지조야

물은 멀리는 넓고 넓은 우주 팔황 위에서 오고 깊게는 육극 밑에서 오는 것이니 내가 능히
이를 알아 천지를 살펴보고 만사를 비추어 보느니라.

所謂소위 至精至微處지정지미처
極深則至精극심즉지정 研幾則至微연기즉지미
至精至微至神지정지미지신 惟深惟幾惟神유심유기유신
深者能通天下之志심자능통천하지지
幾者能成天下之務기자능성천하지무

이른바 지극히 정밀하고 지극히 미세한 것에 있어서 극히 깊은 것이 곧 지극히 정밀한 것
이며 극히 작은 것을 탐구하는 것이 곧 지극히 세밀하게 하는 것이니라.
지극히 정밀하고 지극히 미세한 것이 지극한 신이며 깊이 생각하고 극히 미세한 것을 살펴
보는 것이 신을 살펴보는 것이니라.
깊이 생각하면 능히 천하의 뜻과 통할 수 있으며 극히 세밀하게 하면 능히 천하의 일을 이
룰 수 있느니라.

天地定位천지정위 易在其中者역재기중자 神也신야
何不言하불언 人行乎其中인행호기중
蓋人亦物也개인역물야 若神行乎其中則약신행호기중즉
人於鬼神上求之矣인어귀신상구지의

천지가 바르게 세워지면 역중에 있는 것은 신이요, 어찌 사람의 행위가 역중에 있다고 말
하지 않는가?
대개 사람도 역시 물이니라.
그러므로 신의 행위가 그중에 있는 것이니 사람은 귀신에게 진리를 구하여야 하느니라.

중화경 주해

不疾而速부질이속 不行而至불행이지 何爲也하위야
曰왈 心之神심지신 聖人之神성인지신 果何物也과하물야
曰왈 心之精也심지정야

재촉하지 않아도 빠르고 가지 않아도 이르게 되는 것은 어찌 된 일인가?
말하자면 마음이 신이기 때문이니라.
성인의 신은 과연 무엇인가?
말하자면 마음이 지극히 청정함이니라.

曰왈 心惟能神否也심유능신부야
曰왈 物理有之물리유지
銅山東傾동산동경 洛鐘西應낙종서응
人氣亦有之인기역유지
其母嚙指기모교지 其子應之기자응지

왈 마음이 능히 신이 될 수가 있을까?
왈 물에는 이치가 있어 동산이 동쪽으로 기울어져 있어 서쪽에서 종이 울려 응하였으며
사람에게는 기가 있어 어미가 손가락을 깨물면 자식이 아픈 척하느니라.

칠성은 광속으로 간다 하여도 수백 년 걸릴 만한 먼 거리이며 그 먼 거리를 신명들이 오고
갈 수 있는 것도 곧 마음이 신이기 때문입니다.

五行者오행자 天之所生以養乎人者也천지소생이양호인자야
其氣運於天기기운어천 不息불식
其財運營於世기재운영어세 不匱불궤
其理賦於人기리부어인 爲五倫위오륜
以天道言之이천도언지 莫大於此막대어차
故九疇之首고구주지수

오행은 하늘이 낳아 사람을 기르는 것이라.
그 기가 하늘을 운행하매 쉼이 없으며 그 재가 세상을 운영하매 다함이 없고 그 이치가
사람에게 주어져 오륜이 되니 천도에서 그것보다 더 큰 것이 없으니 홍범구주의 첫째가
되느니라.

五事者오사자 天之所賦而천지소부이 具於人者也구어인자야
貌之恭모지공 言之從언지종 視之明시지명
聽之聰청지총 思之叡사지예
皆形色中개형색중 天性之本然也천성지본연야

오사는 하늘이 부여하여 사람에게 갖추어져 있는 것이니라.
모습이 공손하고 언어가 바르며 보고 듣는 것이 총명하고 생각하는 것이 밝은 것이 모두
하늘이 부여한 본연지성이 그중에 있기 때문이니라.

必以敬用則필이경용즉 能保其本然之性也능보기본연지성야
不以敬用則불이경용즉 身必慢신필만 言必悖언필패
視聽則昏且窒시청즉혼차질 思慮則粗且淺사려즉조차천
而本然之性이본연지성 喪矣상의

반드시 공경하여 쓰면 능히 본연지성을 보존할 수 있을 것이요, 공경치 않으면 몸은 반드시 거만해지고 말은 거칠어지며 보고 듣는 것도 어둡고 막히며 생각도 조잡하고 낮아 본연지성을 잃게 되느니라.

五者오자 治心之要치심지요 以人事言之이인사언지
莫切於此막절어차 故五行之次고오행지차 水火金木수화금목
待時而成대시이성 水生於火수생어화
故天下無相克之理고천하무상극지리

五자는 마음을 다스리는 가장 중요한 것이니라.
인사에서 그것보다 더 절실한 것은 없으니 고로 오행의 순서는 수화금목이 때를 기다려 이루어지며 불에서 물이 나오니 천하에 상극이 없느니라.

仁義禮智信인의예지신 五者오자 修身立道之本수신입도지본
齊家治國之本제가치국지본 爲學之本위학지본
鬼謨本귀모본 陰陽五行之氣음양오행지기
人謨本인모본 陰陽五行之理음양오행지리

인의예지신 오자는 수신하여 道에 들어가는 근본이요, 제가 치국하는 근본이고 학문을 하는 근본이니라.
귀신은 음양오행의 기를 쓰고 사람은 음양오행의 이치를 쓰느니라.

易者역자 開物成務개물성무 冒天下之道모천하지도
如斯已而여사이이 推而極於天地之大추이극어천지지대
反而驗於반이험어 心術之微심술지미
其一動一靜기일동일정 循環終始而已순환종시이이

역은 물이 이루어지고 하는 일을 밝혀 천하의 道를 꾀하는 일이니 이와 같으니라.
펼치면 천지와 같이 커지며 거두면 마음의 술이 되어 지극히 미세해지나니 한 번은 동하고 한 번은 정하는 기운이 순환 종시하느니라.

易曰역왈 天生神物천생신물 聖人則之성인칙지
天地變化천지변화 聖人效之성인효지
河圖洛書하도낙서 聖人則之성인칙지

역에서 말하기를 하늘이 낳은 신물을 성인이 헤아리고 천지가 변하는 것을 성인이 밝히고 하도와 낙서를 성인이 헤아린다고 하느니라.

通於天者통어천자 河也하야 龍馬負圖而出용마부도이출
中於地者중어지자 洛也낙야 神龜戴書而出신구대서이출
聖人之德성인지덕 上配天而天降其祥상배천이천강기상
聖人之德성인지덕 下及地而地呈其祥하급지이지정기상

하늘과 통하는 것은 하도요, 용마가 그림을 지고 나왔으며 가운데 땅의 이치가 있는 것은 낙서요, 신령스러운 거북이 글을 이고 나왔느니라.
성인의 덕이 위로는 하늘과 짝이 되어 하늘에서 상서로운 기운이 내렸으며 성인의 덕이 아래로 땅에 미쳐 땅에서 상서로운 기운이 나왔느니라.

聖人見禽獸之文성인견금수지문 始劃八卦시획팔괘
感通神明之德감통신명지덕 以類萬物之情이류만물지정
神龜所負者文신구소부자문 背上列於數배상열어수
聖人通見其數성인통견기수 爲九疇위구주
立萬世爲治之法입만세위치지법

성인이 금수의 글을 보고 팔괘를 지어 신명의 덕과 통하고 만물의 특성을 분별하였느니라. 신령스러운 거북이 지고 나온 글은 등 위에 나열되어 있는 수로 성인이 그 수에 통하여 홍범구주를 지어 만세토록 다스리는 법을 세웠노라.

河圖洛書하도낙서 相爲經緯상위경위
八卦九宮팔괘구궁 相爲表裡상위표리
一二三四일이삼사 皆經常之疇개경상지주
法天以治乎人법천이치호인
六七八九육칠팔구 皆權變之疇개권변지주
法人以驗乎天법인이험호천

하도와 낙서는 서로 경과 위이며 팔괘와 구궁은 겉과 속이고 1 2 3 4는 모두 변함이 없는 일정한 모습의 경상의 원칙으로 하늘이 사람을 다스리는 법이며 6 7 8 9는 모두 땅에서 변하여 나타나는 권변의 원칙으로 사람이 하늘로부터 받은 법이니라.

天地者천지자 陰陽對待之定體음양대대지정체
伏羲八卦복희팔괘 方位造化방위조화 對待之體대대지체
文王八卦문왕팔괘 方位造化방위조화 流行之用유행지용
對待非流行대대비유행 不能變化불능변화
流行非對待유행비대대 不能自行불능자행

천지는 음양이 대대하는 정체이며 복희팔괘는 방위를 조화시키는 대대의 체이며 문왕팔괘
는 방위를 조화시키는 유행의 용이니라.
대대할 뿐 유행하는 기운이 없으면 변화를 이룰 수 없으며 유행하는 기운이 있어도 대대
하지 못하면 변화를 이루는 행위가 이루어질 수 없느니라.

神明之德신명지덕 不外乎불외호
健順動止八者之德건순동지팔자지덕
萬物之情만물지정 不止乎부지호
天地雷風八物之情천지뇌풍팔물지정

신명의 덕은 굳세고 부드럽고 움직이고 그치는 여덟 가지 덕에서 벗어나지 않으며 만물의
정은 천 지 뇌 풍의 여덟 가지 정에만 그치지 않느니라.

神明之德신명지덕 不可見者也불가견자야 故曰通고왈통
萬物之情만물지정 亦可見者也역가견자야 故曰類고왈류

신명의 덕은 볼 수 없으므로 통한다 하고 이와 달리 만물의 정은 볼 수 있으므로 류라고
하느니라.

중화경 주해

八卦之象팔괘지상 反以求之반이구지
不外乎불외호 吾身之外오신지외
精可以通정가이통 神明之德신명지덕
粗可以類조가이류 萬物之情만물지정

팔괘지상을 돌이켜 구하고자 한다면 내 몸 밖에 있는 것이 아니니라.
정신으로 가히 신명의 덕과 통할 수 있으며 겉으로는 만물의 정을 분별할 수 있느니라.

精之爲정지위 道德性命도덕성명 粗之爲조지위 形色聲容형색성용
內之爲내지위 視聽言動시청언동 外之爲외지위 君臣父子군신부자
大而至於手足대이지어수족 微而至於爪髮미이지어조발
皆不外乎八卦개불외호팔괘

정신은 도덕성명이 되고 겉으로는 형체와 색 소리와 얼굴이 되며 안으로는 보고 듣고 말
하고 행동하는 것이 되고 밖으로는 임금과 신하, 부모와 자식 간의 도리가 되고 크게는 손
발이 되고 작게는 손톱 머리카락이 되니 모두 팔괘의 이치 밖에 있는 것이 아니니라.

八卦何物也팔괘하물야 曰太極也왈태극야
太極何物也태극하물야 曰至正至中왈지정지중
不偏不倚불편불의 道之大原也도지대원야

팔괘는 무엇인가? 왈 태극이라.
태극은 무엇인가? 왈 지극히 바르고 지극히 中하며 편벽되거나 치우치지 않는 道의 큰 근
원이니라.

人徒知인도지 七尺軀칠척구 戴天履地대천리지
飢食渴飮기식갈음 與造化而已여조화이이
天地之間천지지간 日月運轉일월운전 消息盈虛소식영허
往來屈伸之中왕래굴신지중
孰知숙지 自頂之踵자정지종 天之與我者천지여아자

사람이 칠 척의 몸으로 하늘을 이고 땅을 밟으면서 배고프면 먹고 목마르면 마시면서 사는 것이 조화인 줄 알아도 천지지간에 일월운전 소식영허 왕래굴신 중에 이마에서 발뒤꿈치까지 하늘과 내가 함께 하는 줄 누가 알겠는가?

有如是유여시 至精至妙지정지묘
至廣至大之理지광지대지리 是吾身也시오신야
大而天地대이천지 微而昆蟲草木미이곤충초목
幽而鬼神之理유이귀신지리 明而事物之跡명이사물지적
明可以謨諸人명가이모제인 幽可而謀鬼神유가이모귀신
上極天地之始상극천지지시 下極天地之終하극천지지종

이와 같이 지극히 정밀하고 지극히 묘하며 지극히 넓고 지극히 큰 이치가 내 몸이니라. 크게는 천지가 되고 작게는 곤충 초목이 되며 그윽하게는 귀신의 이치가 되고 밝게는 사물의 자취가 되며 거슬러 올라가면 천지의 시작이 되고 종래에는 천지의 끝이 되느니라.

吾能反身而誠오능반신이성 黙而誠之묵이성지
不言而信之則불언이신지즉 大足以參天地대족이참천지
微足以育庶物미족이육서물
幽無愧於鬼神유무괴어귀신 明無怍於人民명무작어인민
與天地相爲終始여천지상위종시 則萬世之明鑑즉만세지명감

내가 능히 이와 같은 진리를 진심으로 받아들여 묵묵히 성의를 다하고 말없이 믿은즉 크게는 천지에 참여할 수 있게 되고 작게는 여러 생물을 기르며 그윽하게는 귀신에게 부끄럽지 않도록 힘쓰고 밝게는 인민들에게 부끄럽지 않도록 힘써서 시작과 끝을 천지와 함께한다면 곧 만세의 명감이 되리라.

天地有可變之理천지유가변지리 聖人有能變之道성인유능변지도
天地定位천지정위 聖人可以成성인가이성 天地之能천지지능
聖人成성인성 天地所不能成천지소불능성

천지는 변하는 이치가 있으며 성인은 능히 변하게 할 수 있는 道가 있느니라.
천지가 바로 서면 천지가 할 수 있는 것을 성인이 능히 할 수 있으며 천지가 할 수 없는 일도 성인이 이룰 수가 있느니라.

앞으로 오는 세상은 인존시대가 되어 신봉어인(神封於人)하여 大道가 사람에게 봉안이 되므로 천지가 할 수 없는 일도 성인이 할 수 있게 된다고 하신 것입니다.

明可以명가이 酬酌事物之宜수작사물지의
幽可以유가이 贊出鬼神之命찬출귀신지명
遠宗其道則원종기도즉 凡事不在其道之外범사부재기도지외
近守其法則근수기법즉 凡事皆寓其法之中범사개우기법지중

밝게는 사물과 수작하여 바르게 하며 그윽하게는 귀신을 불러 명을 내리고 멀리로는 도의 규범을 세운즉 범사가 그 도 외에 존재할 수 없으며 가까이는 그 법을 준수한즉 범사가 모두 그 법에 의지하여 살아가게 되리라.

중화경 주해

聖人之道성인지도 有四焉유사언 所謂變化也소위변화야
聖人劃之卦성인획지괘 作卜筮之法작복서지법
言者언자 心中有意之辭심중유의지사 制器者제기자
其事著於像기사저어상 卜筮者복서자 其事吉凶占기사길흉점
動者동자 其事有變化기사유변화

성인의 道는 네 가지가 있으니 소이 변화이니라.
성인이 괘를 긋고 복서의 법을 만들 때 언(言)은 심중에 있는 뜻이요, 제기는 그 일이 나타
나는 상이요, 복서는 그 일의 길흉을 점치는 것이고 동(動)은 그 일이 변화하는 것이니라.

卜筮者복서자 天所示人也천소시인야
人事盡而可以求於天命인사진이가이구어천명 備是德者비시덕자
伏羲是也복희시야 聖人성인 懼後世不能知之구후세불능지지
於是어시 繫之辭以告之계지사이고지 定其辭以斷之정기사이단지

복서는 하늘이 사람에게 보여주는 것이니라.
사람으로서 할 일을 다하고 가히 천명을 구할 수 있는 것이니 이와 같은 덕을 갖춘 인물이
복희씨이니라.
성인이 후세 사람들이 모를까 두려워하여 이로 인하여 괘를 설명하여 알리고 괘가 하는
일을 정하여 판단하였느니라.

曰示則왈시즉 使人有所見사인유소견
曰告則왈고즉 使人有所知사인유소지
曰斷則왈단즉 使人無所疑사인무소의

말하자면 보여주는 것은 사람들로 하여금 보게 하는 것이요, 고(告)하는 것은 알게 하는
것이며 단정이라 하는 것은 의심치 않게 하기 위함이니라.

易有역유 聖人之道四焉성인지도사언
指其所志者지기소지자 易之辭역지사
圖書則도서즉 日月星辰일월성진 始終循環之度시종순환지도
卜筮則복서즉 金木水火금목수화 生成制克之數생성제극지수

역에는 성인의 道가 네 가지가 있으니 그 뜻을 가리키는 것이 역의 사이니라.
도서는 일월성진이 시작하고 마치고 순환하는 도수이며 복서는 금목수화가 생성하여 상생 상극하는 수이니라.

蓋天地所以爲造化者개천지소이위조화자 陰陽五行而已음양오행이이
聖人不能違也성인불능위야
天地以其氣生物천지이기기생물 而理行乎其中이리행호기중
聖人以其理治人성인이기리치인 而氣參乎其上이기참호기상
是以明於天地之道시이명어천지지도 以敎下民이교하민

대개 천지에서 소이 조화를 시키는 기운은 음양오행일 뿐이며 성인도 이를 어길 수 없느니라.
천지가 그 기운으로 만물을 태어나게 하고 이치가 그중에 행해지게 하느니라.
성인은 그 이치로 다스리고 기가 그 위에 참여토록 하나니 이와 같이 천지의 道를 밝혀 백성들을 가르치니라.

卜筮之事복서지사 聖人未嘗不敬而信之성인미상불경이신지
以明鬼神之德이명귀신지덕
聖人성인 雖一時一事수일시일사 無不敬卜筮무불경복서

복서가 하는 일을 성인이 공경하지 않고 믿지 않을 것을 염려하여 귀신의 덕을 밝히는 것
이니 성인은 한시 한때라도 복서를 공경하지 않으면 안 되느니라.

복서는 만물을 조화시키는 법을 가지고 있는 신명이 하는 일을 밝히고 길흉을 점치는 것
이며 복서를 공경하여야 한다 하심이 곧 大道를 공경하여야 된다는 말씀입니다.

天擇建立천택건립 卜筮之人복서지인
非其人不傳비기인부전 非其人不可비기인불가
必得其人然後필득기인연후 乃命卜筮내명복서
以定天下之吉凶이정천하지길흉
八卦定吉凶팔괘정길흉 吉凶生大業길흉생대업

하늘이 복서할 인물을 택하여 세우나니 그 사람이 아니면 전하지 않고 그 사람이 아니면
불가하니라.
반드시 그 사람을 얻은 후에 복서를 명하여 천하의 길흉을 정하게 하리니 팔괘에는 길하
고 흉한 것이 있어 길흉을 판단하여 대업을 이루게 되리라.

先天圖落筆之初선천도낙필지초 陽劃在右양획재우
陰劃在左음획재좌 二劃分左右이획분좌우
以成行列이성횡열 而爲一符이위일부
劃不立則획불입즉 乾坤息而건곤식이 變化不行변화불행
陰陽二氣음양이기 交相雜居而成文교상잡거이성문

선천도를 그리기 시작하던 초에 양획을 우로 두고 음획을 좌로 두어 두 획을 좌우로 나누어 행렬을 이루게 하여 한 부가 되게 하였으니 획이 마주 보지 않으면 건곤이 막혀 변화가 이루어질 수가 없기 때문이니라.
음양 두 기운을 서로 섞어 마주 보도록 하여 문을 이루게 하였도다.

通書以妙用爲之神통서이묘용위지신
鬼神者귀신자 造化陰陽之氣조화음양지기
誠敬者성경자 造化陰陽之理조화음양지리
道者도자 本然者也본연자야
變化者변화자 所乘之機也소승지기야

글에 통하여 묘하게 용사하는 것은 신이니라.
귀신은 음양을 조화시키는 기운이며 성경은 음양을 조화시키는 이치이니라.
도는 본연자이며 변화를 이루는 것은 道가 응하고 있는 기틀이니라.

陰陽二氣음양이기 合而成文합이성문
經天緯地경천위지 是一橫一直시일횡일직 一劃 一占일획일점
皆是文理故개시문리고 謂之文위지문

음양 두 기운이 합하여 문이 이루어지느니라. 하늘은 경으로 땅은 위로 삼아 일횡 일직 일획 일점이 모두 문의 이치이므로 문이라 하느니라.

文以質爲主문이질위주 裁成天地之道재성천지지도
質以文爲輔질이문위보 輔相天地之宜보상천지지의
便是편시 經天緯地경천위지 道德文도덕문

문은 질이 위주가 되어 천지의 道를 사람에게 알맞게 맞추고 질은 문을 도와 천지의 바름을 서로 돕게 하는 것이니 마땅히 하늘은 경(經)이 되고 땅은 위(緯)가 되는 도덕문이니라.

문에 있는 내용이 현실에 맞아 사람이 쓸 수 있어야 하므로 천지의 道를 사람에게 알맞게 하고 사람에게 알맞게 만든 문이 사람으로 하여금 천지의 바름을 돕게 한다는 말씀입니다.

日月星辰일월성진 天地文천지문 列于上열우상
金木水火금목수화 地之文지지문 陣于下진우하
聖人處於其間성인처어기간 裁成輔相재성보상 以爲用之이위용지
精之約之정지약지 釋一字致之석일자치지

일월성진은 천지문이요, 위에 나열되어 있고 금목수화는 땅의 문이요, 아래에 펼쳐져 있으며 성인은 그 사이에 거처하여 천지의 이치를 사람에게 알맞게 하여 하늘의 뜻을 돕는 재성보상으로 도서를 쓰도록 하였으며 정밀하게 하고 집약하여 천지의 이치를 하나의 글자로 표시하게 되었느니라.

約之則약지즉 存養之功益密존양지공익밀
思慮者사려자 存養之功존양지공
精之則정지즉 省察之功益嚴성찰지공익엄
恐懼者공구자 省察之功성찰지공

간결히 하고자 하면 마음을 보존하는 공이 더욱 지극해지며 깊이 생각하는 것이 양심을
보존하는 공이니라.
정밀하게 하고자 하면 성찰하는 공이 더욱 강해지며 조심하고 두려워하는 마음이 자신을
성찰하는 공이니라.

천지의 변화를 깊이 생각하면 결국은 무극 태극의 표현이므로 본연의 양심을 보존하고자
하는 마음이 더욱 지극해지게 되고 정밀하게 하는 것은 빈틈이 없이 바르게 하는 것이니
자신을 성찰하는 마음이 더욱 강해진다고 하신 것입니다.

約之精之약지정지 其守不失則기수부실즉
所以應物之處소이응물지처 無所差違무소차위
所謂中和也소위중화야

간결히 하고 정밀하고자 하는 마음을 지키고 잃지 않으면 소이 응물지처인 상대에 따라
마음이 편벽되거나 치우치지 않게 되나니 이른바 중화이니라.

사람이 마음을 집중하고 삿된 기운이 들지 않도록 조심하여 본연의 마음을 잃지 않으면
인사에서도 도리에 합당케 하여 조화를 이룰수 있으며 이것이 중화(中和)라는 말씀입니다.

誠能自強立志則_{성능자강입지즉} 氣亦從之_{기역종지}
不至於昏_{부지어혼}
玩理養心則_{완리양심즉} 志不昏_{지불혼}
志以神氣則_{지이신기즉} 氣不昏_{기불혼}
氣不昏則_{기불혼즉} 有受政之地_{유수정지지}
則聖人之敎_{즉성인지교} 可得而成矣_{가득이성의}

성을 다하여 강하게 뜻을 세우면 기도 역시 따르게 되어 혼마하지 않게 되고 항상 바른 이치를 좋아하고 사랑하여 마음을 가꾸면 뜻도 혼미하지 않게 되고(삿된 욕망을 추구하지 않게 된다는 말씀입니다) 뜻에 신의 기운이 깃들면 기도 어둡지 않게 되어 올바른 입지를 얻어 성인의 가르침을 가히 얻었다 할 수 있으리라.

統以言之_{통이언지} 經與權而已_{경여권이이}
經者道之常_{경자도지상} 權者道之變_{권자도지변}
學者_{학자} 雖一劃一點_{수일획일점} 居常盡乎天之理_{거상진호천지리}
動靜合乎天地道_{동정합호천지도} 則天必佑之_{즉천필우지}

통틀어 말하면 경과 권일 뿐이니라.
경은 道가 변함없이 존재하는 일정한 모습이며 권은 도가 변하여 나타나는 형상이니라.
학자가 비록 일획 일점처럼 작은 일이라 하여도 항상 하늘의 이치를 궁구하고자 하고 동정이 천지의 道와 같으면 하늘이 반드시 도와주리라.

天下許多道理천하허다도리 皆包藏於卜筮中개포장어복서중
六劃成卦육획성괘 六位成章육위성장 天地設位천지설위
易在其中역재기중 惟禍福之機也유화복지기야

천하에 수많은 도리가 모두 복서 중에 포함되어 있느니라.
육획으로 괘를 이루고 육위로 장을 이루어 천지를 설하고 세웠으며 역이 그중에 있으니 오직 화와 복의 기틀이니라.

以筆言記者이필언기자 非一人點劃비일인점획
音聲之文음성지문 各有定法각유정법
四方如一卜筮사방여일복서 能應鬼神능응귀신
如祭祀能享鬼神여제사능향귀신

붓으로 말을 기록한 것은 한 사람의 점과 획이 아니며(여러 성인들을 통하여 검증이 되었다는 말씀입니다) 음성의 문(道를 나타내는 글)은 각기 정한 법이 있느니라.
사방과 도의 진리에 합당케 하면 능히 귀신이 응하게 되리니 제사 때 능히 귀신이 향응하는 것과 같으니라.

鬼神之理귀신지리 **在彼我**재피아
以此理而行之故享應이차리이행지고향응
陰陽之道德음양지도덕 **依於吾心全德之仁**의어오심전덕지인
則頃刻主流天地즉경각주류천지

귀신의 이치는 나에게도 있으며 그 이치로 행한즉 귀신이 응하게 되느니라.
음양의 도덕이 내 마음의 완전한 덕인 仁에 의탁을 하면 경각에 천지를 주류하게 되느니라.

다른 장에 [성인이 음양의 도로 천하 사람들의 마음에서 근심하는 마음을 모두 씻어버리면 천하가 모두 군자가 되리라] 하심과 같이 [음양의 도덕이 곧 大道이며 상제님 도덕인 仁에 의탁을 하면 大道의 기운이 경각에 온 천지에 주류하게 된다는 말씀입니다.
[천지에 수기가 돌 때는 만국 사람들이 배우지 않아도 통어하나니 와지끈 소리가 나리라] 하심도 大道의 신묘한 기운이 三界에 모두 통할 때를 뜻하신 것입니다.

과학자들이 아주 미세한 분자 구조와 태양계의 구조가 똑같다 하듯이 천지에는 오행을 조화시키는 일정한 법칙이 있는 것이며 이를 주역이라 하고 자체가 신명으로 존재하는 것입니다.
신명기운이 천지의 마음인 상제님 도덕인 理에 의탁하여 천지에 통하지 않는 곳이 없으므로 천지 안에 있는 모든 것은 신명이 가지고 있는 법칙에서 벗어날 수가 없는 것입니다. 앞으로는 주역으로 용사하는 신명의 운이 다 되고 정역으로 용사하는 신명의 운이 시작되므로 후천 개벽이 오는 것입니다. 무극 태극의 진리에 의하여 완성된 법을 가지고 있는 신명이므로 大道라 하신 것이며 大道의 존재를 믿기가 어려운 것이 현실이지만 선경세상이 열리기 위해서 大道는 당연히 있어야 되는 존재인 것입니다. 신봉어인(神封於人)이라 하심도 때가 되면 도인들에게 大道가 봉안이 되기 때문입니다.

凡草木禽獸범초목금수 蟲於微物충어미물
無不有陰陽之理무불유음양지리 聖人之心성인지심
細推鳥獸羽毛之微세추조수우모지미

모든 초목 금수 벌레와 어류에 이르기까지 음양의 이치를 가지고 있지 않은 것이 없으며
성인의 마음이 새의 깃털과 금수의 털에 이르기까지 세밀하게 미치느니라.

天産之物천산지물 飛者陽走者陰비자양주자음
地産之物지산지물 木者陽草者陰목자양초자음
鯉魚背上리어배상 有三十六鱗陰數유삼십육린음수
神龍背上신룡배상 有八十一鱗陽數유팔십일린양수
鳥獸之文조수지문 謂之文위지문 禽獸大道術금수대도술

하늘이 낳은 물은 나는 것은 양이고 뛰는 것은 음이며 땅이 낳은 물은 나무는 양이고 풀
은 음이며 잉어 등 위에 있는 36개의 비늘은 음수이고 신룡의 등 위에 있는 81개의 비늘
은 양수이니라.
금수에 있는 무늬가 소위 문이며 금수 대도술이니라.

一物之理일물지리 一人之氣일인지기 相爲符同상위부동
不疾而速부질이속 不行而至불행이지
況황 聖人之心神乎성인지심신호

한 물의 理와 한 사람의 氣가 서로 부합되어 재촉하지 않아도 빠르고 가지 않아도 이르게
되느니라.
하물며 성인의 마음과 신은 어떠하겠나?

사람이 화초 하나를 가꾸어도 기가 통하여 멀리 떨어져 있어도 서로 교감이 된다고 합니다.

중화경 주해

亦集其自家精神則역집기자가정신즉 彼之精神피지정신
亦集於天文之理역집어천문지리 某物於草木禽獸모물어초목금수
某物모물 於身於物어신어물 爲某物위모물
各以例擧之不盡言각이예거지부진언

마찬가지로 자기 정신을 집중하면 상대의 정신(성인이 가지고 있는 理氣 중에서 氣)도 집중이
되어 천문지리에 전해지게 되며 어떤 물은 초목금수가 되고 어떤 물은 어떤 몸, 어떤 물이
되니 이와 같은 물을 일일이 예거하면 다함이 없느니라.

學者학자 觸物求之촉물구지
衆物之中중물지중 各有像각유상
可執之物爲柄가집지물위병 柄者병자 生物之權생물지권
地有形而可執故지유형이가집고 爲柄위병

학자는 물을 살펴보고 진리를 구하여야 하느니라.
여러 물에는 각기 상이 있으며 가히 잡을 수 있는 물이 병이니라.
병(柄, 자루)은 道가 변하여 물에 나타난 것이며 땅은 형이 있어 가히 잡을 수 있으므로(道
의 변형을 볼 수 있으므로) 병이 되느니라.

在天成象재천성상 乾主氣故成像건주기고성상
像者法之未定상자법지미정 在地成形재지성형
坤主形故效法곤주형고효법 法者象之已形법자상지이형
變化流行변화유행 非形像비형상 無以見故무이견고
因形像而인형상이 變化之跡可見변화지적가견

하늘에서 이루어지는 상은 건주기로 이루는 고로 형상을 이루는 법이 정해져 있지 않으며
땅에서 형을 이루는 것은 곤 주형고로 법이 밝혀져 있느니라. 변화가 일어날 때 형상이 없
으면 볼 수 없으므로 형상이 있어야 변화의 자취를 가히 알 수가 있느니라.

人順理以成功인순리이성공 乃贊天地之化育내찬천지지화육
人在天地之間인재천지지간 只是一理지시일리
然天人所爲各者有分연천인소위각자유분

사람이 순리에 성공하면 천지가 만물을 화육하는 데 도움을 줄 수 있느니라.
사람이 천지간에 존재하는 것은 하나의 이치이나 그러나 하늘과 사람이 각기 맡은 분야가 있느니라.

天能生物천능생물 耕必用人경필용인 水能潤物수능윤물
灌必用人관필용인 火能燁物화능엽물 爨必用人찬필용인
裁成輔相皆人재성보상개인 非贊而何비찬이하

하늘은 능히 만물을 낳게 할 수 있지만 반드시 경작하는 것은 사람이 하여야 하며 물은 능히 작물을 자라게 할 수 있지만 물을 대는 것은 사람이 하여야 하고 불은 능히 태울 수 있지만 불을 지피는 것은 사람이 하여야 되는 것이니 알맞게 하고 서로 돕는 것은 사람에게 있는 것이니 어찌 협력하지 않을 수 있으리오.

存心則一念존심즉일념 全萬理전만리
致知則차지즉 萬事當理會만사당리회 理以本然者이이본연자
故性曰天德고성왈천덕 命曰天理명왈천리
亦一而已역일이이 非二物也비이물야

마음을 보존한즉 일념이 곧 만 가지 이치이니라.
깨닫게 되면 만사는 당연히 理에 모여지게 되느니라.
理는 본연자이니라.
그러므로 성(性)은 곧 천덕이요 명(命)은 천리이니 역시 하나이지 둘이 아니니라.

무극 태극의 진리가 理이고 순리이며 [격물치지] 하면 만사가 모두 이 진리에 의하여 이루어졌음을 깨닫게 된다는 말씀입니다.

중화경 주해

하늘의 지극한 덕을 性이라 하고 만물에 전해져 음양 두 기운이 태극의 원리로 합덕하고
조화가 이루어져 시(始)와 생(生)을 하게 되는 것입니다.
전해지는 기운을 천리(天理)라 하고 부여된 이치이니 이를 命이라 한다는 말씀입니다.
당연히 性과 命이 둘이 아니고 하나라는 말씀입니다.

如此則여차즉 氣之偏者기지편자 變而正변이정
柔者유자 變而剛변이강 昏者혼자 變而明변이명
其不變者기불변자 生死壽夭생사수요 有定數也유정수야

이와 같은즉(모두 무극 태극의 진리에 의하여 존재할 수 있는즉) 기가 편벽된 사람은 변하게 하
여 바르게 만들고 약한 자는 변하게 하여 강하게 하며 어두운 자는 변하게 하여 밝게 하
여야 하리니 변하지 않는 것은 생과 사, 장수와 요절의 정해져 있는 수이니라.

心猶鏡심유경 仁者人心之全體인자인심지전체
仁猶鏡之明인유경지명 鏡本明경본명 彼塵垢之一蔽피진구지일폐
遂不明矣수불명의 仁與心인여심 本是一物본시일물
彼私慾一隔피사욕일격 心違仁심위인 各爲二物각위이물

마음은 거울과 같으며 仁은 사람 마음의 전체이니라.
仁은 거울과 같이 밝은 것이니라.
거울은 본래 밝은 것이나 그곳에 먼지가 한번 덮이면 밝지 않게 되느니라.
仁과 마음은 본시 하나이나 사욕이 한번 가리면 마음과 仁이 어긋나 두 물이 되느니라.

若私慾旣無則약사욕기무즉 心與仁심여인
相會合成一物矣상회합성일물의 聖人성인 以陰陽之道이음양지도
盡洗其憂世之心진세기우세지심 望天下爲君子망천하위군자

만약에 사욕이 모두 없어지면 마음과 仁이 서로 모여 합하여져 一 물이 되리라.
성인이 음양의 道로 천하 사람들 마음에서 세상일을 근심하는 마음을 모두 씻어버리면 천하 사람들이 모두 군자가 되리라.

후천 선경에서는 陰陽之道(음양지도)라 표현하신 大道가 천하 사람들 마음에서 탐심을 모두 씻어버리게 되므로 천하 사람들이 모두 군자가 되는 것입니다.

古人淳質初無文義고인순질초무문의 故以卜筮劃卦爻고이복서획괘효
以開物成務이개물성무 繫辭계사 自大衍以下자대연이하
皆是卜筮之事개시복서지사 開示吉凶개시길흉 冒天下之道모천하지도
推而上通추이상통 鬼神之德귀신지덕 精及於無形정급어무형
下察事物之理하찰사물지리 粗及於有像조급어유상

옛사람들이 순박한 품성을 가지고 있었던 초에는 글의 뜻이 없었으므로 복서로 획을 긋고 괘와 효로 사물의 이치를 밝히고자 하였도다.
계사에서 본래 대연이하(대연수를 쓰기 전)에서는 모두 복서로 길흉을 열어보고 천하의 道를 도모하였으며 위로는 귀신의 덕과 통하여 정신이 무형에 이르렀으며 아래로는 사물의 이치를 관찰하여 겉으로는 상을 얻게 되었느니라.

像者상자 摸得其物之形모득기물지형 謂之像위지상
辭者사자 各指其所爲鼓각지기소이고 天下之動천하지동 存乎辭존호사
卜者복자 因其事而發明인기사이발명 劃卦布爻획괘포효
以觀神明이관신명 其德之事기덕지사
觀其像관기상 觀其變관기변 捨逆取順사역취순
玩其辭완기사 玩其占완기점 避凶趨吉피흉추길

상(像)은 그물의 형상을 탐색하여 얻은 것으로 이른바 상이라 하는 것이며 사(辭)는 각각 그물이 소위 작용하는 것을 가리키는 것이니 천하의 움직임이 사에 있느니라.
복(卜)은 그 일을 밝힘으로써 괘를 긋고 효를 펴서 신명의 덕이 하는 일을 살펴보고 상이 변하는 것을 관찰하여 신명의 덕에 거스르는 것은 버리고 따르는 것을 취하며 항상 상이 움직이는 것을 살펴보고 (길흉의) 점을 살펴보아 흉한 것을 피하고 길한 것을 추구하는 것이니라.

萬物之體만물지체 即鬼神之德즉귀신지덕
所謂소위 體物不可遺체물불가유 能運禍福之機也능운화복지기야

만물의 체는 곧 귀신의 덕이며 소위 체와 물은 떨어질 수 없으니 귀신은 능히 화와 복의 기틀을 운영하니라.

大大細細(대대세세) 天地鬼神垂察(천지귀신수찰)이라 하심도 귀신이 큰일부터 작은 일까지 세세히 살펴보아 화와 복을 정한다는 말씀입니다.

鬼神者귀신자 天理之至也천리지지야 知天理至지천리지
所以不惑소이불혹 聖人者성인자 人道之至也인도지지야
知人道之至지인도지지 所以不疑소이불의

귀신은 천리의 지극함이요, 천리의 지극함을 알면 소이 유혹에 현혹되지 않으며 성인은 인도의 지극함이요, 인도의 지극함을 알면 소이 의심치 않느니라.

鬼神便是귀신편시 天地之功用천지지공용
人於良能功用上인어양능공용상 認取其德인취기덕
鬼神귀신 生長斂藏之事생장염장지사 是孰使之시숙사지
曰道也왈도야

귀신은 본래 천지가 정성 들여 쓰는 기운이니라.
사람이 선한 행위를 힘써 행하는 가운데 귀신의 덕을 인식하고 얻을 수 있느니라.
귀신은 생 장 염 장을 정확하고 익숙하게 행할 수 있으며 왈 道이니라.

然其性情연기성정 如此也여차야 若生而成春약생이성춘
長以成夏장이성하 斂以成秋염이성추 藏以成冬장이성동
便是鬼神之功用편시귀신지공용

그러므로 그 성정은 이와 같으니라.
간략하게 말하면 낳는 기운이 봄이 되고 성장하는 기운이 여름이 되며 거두어들이는 기운이 가을이 되고 저장하는 기운이 겨울이 되나니 모두가 귀신이 정성 들여 행하는 일이니라.

鬼神雖無形無跡귀신수무형무적 遍體乎萬物之中편체호만물지중
鬼神之氣귀신지기 入於寸分毫釐입어촌분호리 絲忽之中사홀지중

귀신이 비록 형체가 없고 자취가 없다 하여도 두루 퍼져 만물 중에 있으며 귀신의 기운이 작은 곳에서 머리털의 천분의 일, 만분의 일 정도 되는 극히 미세한 곳까지 촌각에 들어가느니라.

以觀이관 消息盈虛之變소식영허지변 出入進退之理출입진퇴지리
變化之道변화지도 莫非神之所爲也막비신지소위야
故知變化之道고지변화지도 則知鬼神之所爲也즉지귀신지소위야

사라지면 생겨나고 가득 차면 비우는 소식영허의 변화와 출입진퇴하는 이치를 보면 변화의 도가 신이 하는 것이 아닌 것이 없느니라.
고로 변화하는 도를 아는 것은 곧 귀신이 하는 일을 아는 것이니라.

變者변자 不能自變불능자변 有神而變유신이변
化者화자 不能自化불능자화 有神而化유신이화
明於天地之道명어천지지도 察於民之故찰어민지고
天人者合也천인자합야

변하는 것은 혼자 변할 수 있는 것이 아니요, 신이 있어야 변할 수가 있는 것이며 화하는
것은 스스로 할 수 있는 것이 아니요, 신이 있어야 할 수가 있느니라.
천지의 道를 밝히고 백성들을 살펴보면 곧 하늘과 사람이 합해지는 것이니라.

상제님께서 귀신의 굴신하는 덕이 곧 誠이라 하시고 자연히 물에 전해져 道가 행해지도록
한다 하심과 같이 귀신의 굴신하는 덕이 음양을 조화시켜 낳고 낳는 이치로 자연의 섭리
를 이루게 하는 것입니다.
[서전서문]에 [마음이 있으면 다스려지고 없으면 혼란해진다] 하는 것도 군주에게 털끝만
한 사가 없이 덕을 베풀어 음양을 합덕 조화시킬 수 있는 귀신지기(鬼神之氣)인 誠이 있으
면 왕래굴신하는 誠이 백성들 마음에 항시 전해지게 되므로 道가 행해지게 되어 나라가
다스려지게 된다는 뜻입니다.

이와 같이 원형이정(元亨利貞)의 天地之道를 깨닫고 체득하여 백성들에게 베풀면 하늘이 귀
신의 덕으로 음양을 조화시켜 만물을 생육시키시듯이 사람도 귀신의 덕으로 백성들을 조
화시켜 다스리게 되니 하늘과 사람이 합해지는 것이라는 말씀입니다.

天之所助者천지소조자 順也순야
人之所助者인지소조자 信也신야
德積則行必有方덕적즉행필유방 物積則散必有道물적즉산필유도

하늘이 돕는 사람은 하늘의 뜻에 따르는 사람이요, 사람이 돕는 사람은 신의가 있는 사람이니라.
덕을 쌓으면 반드시 행위에 道가 있게 되고 재물을 쌓으면 반드시 道가 흩어지게 되리라.

道心微者도심미자 天理之奥也천리지오야
人心危者인심위자 人欲之萌也인욕지맹야
道心是도심시 義理上見의리상견 人心是인심시 事物上見사물상견

도심이 미묘하다 하는 것은 천리가 심오하기 때문이며 인심은 위태하다 하는 것은 인욕이 싹트기 때문이라.
도심은 의리를 우선으로 하고 인심은 사물을 우선으로 하니라.

예로부터 [사람에게는 인심도 있고 도심도 없을 수가 없다]라고 주장하기도 하지만 실제로는 세상이 도심을 잃은 것이 병세인 것입니다.
도심이 곧 태극심이며 中이라 하신 천명지성이 곧 도심이 되는 것입니다.
마음이 치우치지 않아야 개인 사이뿐만 아니라 집단 사이에서도 같은 존재로 여겨 조화를 이룰 수 있는 것이며 마음이 치우치면 반목과 불화가 없을 수가 없는 것입니다.
남을 위해 주는 것이 도심이라 하기도 하지만 자기 식구, 자기 쪽이니 위해주는 것은 정(情)이고 인심이며 우리 쪽이건 남의 쪽이건 분별을 두는 사가 전혀 없이 덕을 베푸는 기운이 性이고 도심이 되는 것입니다.

一心篤行則일심독행즉 日用之間일용지간
由念慮之微유염려지미 以達于事乃著이달우사내저
必能去私取義필능거사취의 從是舍非종시사비
不使一毫人慾之私불사일호인욕지사
則天理廣明正大矣즉천리광명정대의 人之行事인지행사
與天地여천지 相爲流通상위유통

일심을 돈독히 행하면 일용지간에 염려가 줄어들게 되며 세상의 이치를 더욱 밝게 볼수
있으리니 반드시 사를 버리고 의를 취할 것이며 바른 것을 따르고 그릇된 것을 버려야 되
느니라.
한 호리의 인욕의 사가 없으면 곧 천리는 광명정대하여 사람이 행하는 일에 천지가 함께하
여 서로 통하게 되리라.

一心이 곧 도심이며 中이라 하심도 一心을 뜻하신 것입니다.
오직 덕을 베푸는 기운 자체일 뿐이므로 一心이라 하신 것이며 나라는 사가 없어 자신을
기준으로 분별을 두는 사도 전혀 없어 一心 안에서는 천하가 모두 같아질 수가 있는 것입
니다.
앞으로 오는 세상이 [세계일개가 이루어지는 것도 모두 一心의 이치로 이루어지는 것입니다.

道在天도재천 行在人행재인
行有善惡행유선악 氣各以類應之기각이류응지
德各有方덕각유방 氣各有像기각유상

道는 하늘에 있고 행하는 것은 사람에게 있느니라.
행위에는 선악이 있으며 기는 각기 따라서 응하게 되며 덕은 여러 유형이 있으며 기도 각각 여러 상이 있느니라.

自五行以至於庶徵자오행이지어서징 皆得其道則개득기도즉
協氣成像협기성상 人蒙休祥인몽휴상 五福應之오복응지
失其道則실기도즉 乖氣成像괴기성상 人罹災殃인이재앙
六極應之육극응지

(홍범 구주의) 오행에서 서징까지 모두 그 道를 얻은즉 도와주는 기운이 이루어져 아름답고 상서로운 기운을 받아 오복이 응하게 되리라.
道를 잃어버린즉 괴이한 기운이 이루어져 재앙에 걸리게 되어 육극이 응하게 되리라.

惡充者成罪악충자성죄 善充者成功선충자성공
得失在於身득실재어신 一德修則일덕수즉
凡德必修범덕필수 休咎應於天휴구응어천
一氣和則일기화즉 凡氣必和범기필화

악을 채워주고자 하는 자는 죄를 짓고 선을 채워주고자 하는 자는 성공하게 되리니 얻고 잃는 것이 몸에 있게 되리라.
하나의 덕을 닦은즉 다른 덕도 반드시 닦이게 되고 복과 화는 하늘에서 응하게 되리라.
한 기운이 화합하면 여러 기운도 반드시 화합하게 되리라.

선을 행하여 상서로운 기운을 얻어 불로불사할 수 있는 몸을 얻기도 하고 죄를 지으면 흉한 기운을 받아 몸으로 벌을 받기도 하니 화와 복이 몸에 있게 된다고 하신 것입니다.

君實造命者也군실조명자야 民侖雖稟于天민륜수품우천
君實造命군실조명
休咎徵於天휴구징어천 禍福加於人화복가어인

군이 실제로는 명을 짓는 것이니라.
세상 사람들이 비록 하늘에서 명을 주는 것으로 생각하지만 실제로는 군이 명을 짓는 것이니라.
상서로운 기운과 흉한 기운은 하늘에서 내리는 것이며 화와 복이 사람에게 가해지게 되리라.

개벽시기에 어떤 사람은 선경의 무궁한 운수를 받고 어떤 사람은 화를 받기도 하는 것이며 복을 주는 상서로운 기운과 벌을 주는 흉한 기운은 하늘에서 내리는 것이라는 말씀입니다.

중화경 주해

福極通天下人民_{복극통천하인민}

言之_{언지} 人主_{인주} 不以一身爲福極_{불이일신위복극}

而以天下人民爲福極_{이이천하인민위복극}

다함이 없는 복(운수)은 천하 인민과 통하느니라.

말하자면 인주는 자신의 운수를 구하지 말고 천하 인민들의 운수를 구하여야 하리라.

天命之謂性천명지위성
生物得來方始名생물득래방시명 曰性왈성
天以陰陽五行천이음양오행 化生萬物화생만물
理亦賦焉이역부언 曰命왈명

하늘이 명한 것을 일러 性이라 하느니라.
생물이 얻어 와서 자신을 시작시키는 것이 곧 性이니라.
하늘이 음양오행으로 만물을 태어나게 하고 이치를 부여하게 되나니 이를 일러 命(명)이라
하느니라.

상제님께서 [高見遠慮曰智(고견원려왈지)]의 글에 [理雖高(이수고) 出於太極无極之表(출어태극무극
지표) 不離乎(불리호) 日用事物之間(일용사물지간)]이라 하심이 이치가 아무리 높다 하여도 태극
무극의 표현이며 일용사물지간에 있는 모든 것도 이 진리에서 벗어날 수 없다는 말씀입니다.

모든 생물도 마찬가지로 태극의 이치가 있어야 생명을 이루고 살아갈 수가 있는 것입니다.
태극의 원리로 음양이 합덕 조화가 이루어지게 하여 생물이 始(시)와 生(생)을 하게 만드는
기운이 곧 性이고 性이 곧 무극인 理인 것입니다.
생물이 존재하기 위해서는 반드시 따라야 되는 진리이므로 命(명)이라 하는 것입니다.

萬物各受만물각수 所賦之理소부지리 曰性왈성
此道在我차도재아 無不本於天무불본어천
故道之大源고도지대원 出於天출어천
性也성야 理也이야 一而已일이이

만물이 각각 얻은 소이 부여한 이치가 性이니라.
그 道가 나에게 있지만 하늘에 근본을 두지 않은 것이 없으며 고로 道의 큰 근원은 하늘
에서 나오는 것이니라.
性과 理는 하나일 뿐이니라.

天能與人천능여인 以耳目口鼻之形이이목구비지형
而不能使之無이불능사지무 飢餓凍餒之患기아동뇌지환
天能賦人천능부인 以仁義禮智信之性이인의예지신지성
不能使之無불능사지무 氣稟物欲之蔽기품물욕지폐

하늘이 사람에게 능히 이목구비의 신체를 주지만 기아동뇌의 우환은 없게 하지 못하며 하늘이 사람에게 능히 인의예지신의 성을 부여하지만 부여한 기운이 물욕에 가려지는 것은 막지 못하느니라.

萬物各具其性만물각구기성 氣稟不同기품부동
故其性所近者窺之고기성소근자규지 近者근자
非親近之近비친근지근 其性所近之近기성소근지근

만물은 각기 그 성을 구비하고 있으나 기품은 같지 않느니라.
고로 그 성과 가까운 사람을 택하나니 가깝다 하는 것은 친하여 가까운 것이 아니라 부여한 성과 가깝다는 뜻이니라.

性命之理성명지리 繼于氣계우기
自古자고 性字謂五行之生也성자위오행지생야
各一其性각일기성 故五性具焉고오성구언
五性感動以後오성감동이후 善惡分선악분

성명의 이치가 기로 이어지며 예로부터 性이라는 글자로부터 오행이 생겨났다고 말을 하느니라.
각기 하나의 성이 있는 고로 오성이 구비되어 있으며 오성이 감동이 된 후에 선과 악이 분명해지느니라.

오성이 몸에 응하여야 선과 악이 분명하게 분별이 된다는 말씀입니다.

萬事出此則만사출차즉 其中七情生焉기중칠정생언
性中有仁義禮智信성중유인의예지신
性者禮之本성자예지본 仁者人之生理인자인지생리
人若不仁則인약불인즉 自絶生理자절생리

만사가 모두 性에서 나오는 것이므로 그중에 칠정이 나오느니라.
性 중에 인의예지신이 있으며 性은 예의 근본이고 仁은 사람이 사는 이치이니라.
만약에 사람이 仁을 버리면 스스로 살아가는 이치를 버리는 것이니라.

仁이 곧 내 몸을 이루는 수많은 정과 기를 태극의 원리로 조화시킬 수 있는 기운이며 [仁을 버리면 스스로 사는 기운을 버리는 것]이라 하심도 이 때문입니다.

사람에게는 당연히 仁이 있는 줄 알기도 하지만 실제로는 인류가 仁을 잃은 것이 병세이며 장차 병겁으로 수많은 인류가 화를 입게 되는 것도 모두 이 때문입니다.

옥황상제님께서 8·15 해방 며칠 전에 [태극이 기동하니 만물이 자시자생이로다] 하시고 [仁아 네가 이제 태극 앞에 머리를 숙였으니 네 이름자 덕으로 명은 유지되리라] 하심도 1년 전에 [3·8 동방목운(東方木運)을 회선시켜 천하 창생들을 구원할 도운]이라 하심과 같이 [동방목운]인 仁이 전해지게 하시는 도수를 보신 것입니다.
[음양합덕의 태극원리 정음정양의 기동]이라 하심도 仁이 곧 中이라 하신 천명지성이기 때문이시며 中이 곧 [정음정양]으로 표현이 되는 것입니다.

상제님께서 [선천에서는 상극지리가 인간과 사물을 지배하였으므로…] 하심과 같이 선천 수천 년 동안 인간지사를 지배하였던 上下의 위계를 세워 위무로 복종토록 만들어 사람을 다스리는 [상극지리]라 하신 기운을 물러가게 하시고 [정음정양]의 운을 시작시키시는 훗날의 도수를 보신 것입니다.
위계와 위무로 사람을 다스리는 기운은 결국은 강자가 약자를 지배하게 되는 기운이므로 개인 간이건 집단 간이건 서로 이기고자 할 수밖에 없어 [상극지리]라 하신 것입니다.
[정음정양]은 개인뿐만 아니라 집단 간에서도 마음이 치우치지 않아 같이 여길 수 있는 기운이므로 [음양합덕의 태극원리]라 하신 것입니다.

仁義禮智存心則_{인의예지존심즉} 乂治天下之本_{예치천하지본}
仁者_{인자} 人心之全體_{인심지전체} 仁者政之本_{인자정지본}
身者人之本_{신자인지본} 心者身之本_{심자신지본}
萬物成時_{만물성시} 各成一仁_{각성일인}

인의예지가 마음에 있으면 천하를 밝게 다스리는 근본이 되며 仁은 사람 마음의 전체이며 仁은 정치의 근본이니라.

몸은 사람의 근본이며 마음은 몸의 근본이니 만물이 이루어질 때는 하나의 仁이 이루어지는 것이니라.

仁字_{인자} 義字_{의자} 如鬼字_{여귀자}
對待發於心而_{대대발어심이} 自盡則爲仁_{자진즉위인}
仁者用之跡_{인자용지적}
驗於理而無違則_{험어리이무위즉} 爲信_{위신}
用者仁之心_{용자인지심}

인(仁)이라는 글자, 의(義)라는 글자는 귀(鬼)라는 글자와 같은 것이니라.

仁에 대대하는 마음이 극복된 후에 仁이 될 수가 있는 것이며 仁이 대대하는 마음을 자신케 하는 용의 자취가 되느니라.

이치를 징험하는 데 있어서 어긋남이 없는 것이 신(信)이며 쓰임이 되는 것은 仁의 마음이니라.

各一其性(각일기성)이라 하심과 같이 五性이 각기 체를 가지고 있는 것이므로 鬼(귀)라 하신 것입니다.

체를 가지고 있다 하여도 서로 떨어질 수는 없는 것이며 [性中有仁義禮智信(성중유인의예지신)]이라 하심과 같이 性이라는 하나의 체 안에서 같이 존재하는 것입니다.

仁如天之崇故_{인여천지숭고} 所知_{소지}
日就於高明而_{일취어고명이} 德益大_{덕익대}
禮如地之卑故_{예여지지비고} 所行_{소행}
日進於平實而_{일진어평실이} 業益廣_{업익광}
治天下之道_{치천하지도} 不在多端_{부재다단}
在致敬之間而已_{재치경지간이이}

仁은 하늘이 높은 것과 같으므로 이를 알면 나날이 고명하게 발전하여 덕이 더욱 크게 되고 禮는 땅이 낮은 것과 같으므로 이를 행하면 나날이 평탄하고 건실해져 하는 일이 번창하게 되느니라.
천하를 다스리는 道는 일을 많이 하는 데 있는 것이 아니라 공경하는 데 있느니라.

繼善陽也계선양야 **成性陰也**성성음야
此以天命之序차이천명지서 **而言陰陽也**이언음양야
仁者陽也인자양야 **智者陰也**지자음야
此以物受之性차이물수지성 **而言陰陽也**이언음양야

선(善)이 이어져 전해져 오는 것은 양(陽)이요, 성(性)이 이루어지는 것은 음(陰)이라.
이것이 천명의 순서이며 곧 음양이니라.
인(仁)은 양이요 지(智)는 음이니라.
이것은 만물이 성(性)을 얻는 것이며 곧 음양이니라.

선(善)은 하늘에서 이어져 전해져 오는 동하는 기운이므로 양이라 하시고 성(性)은 만물에게서 이루어지는 정하는 기운이므로 음이라 하신 것입니다.
이것이 천명지성이 전해지는 순서라는 말씀입니다.
仁이 곧 하늘에서 전해져 만물이 태어나게 하는 마음이며 지(智)는 살아가는 지혜를 얻어 생존하게 되는 기운이므로 仁은 양이고 智는 음이라 하신 것입니다.
이것이 만물이 性을 얻는 것이라는 말씀입니다.

陽之所以爲陽者양지소이위양자 **皆動而無體**개동이무체
陰之所以爲陰者음지소이위음자 **皆靜以有體**개정이유체
通陰陽爲一道통음양위일도 **合天人爲一理**합천인위일리

양이 소이 양이 되는 것은 동하는 기운이 체가 없기 때문이며 음이 소이 음이 되는 것은 정하는 기운이 체가 있기 때문이니라.
음과 양이 통하여 하나의 道가 되고 하늘과 사람이 합하여 하나의 이치가 되느니라.

幽明一理유명일리 幽爲難知유위난지
神人一道신인일도 神爲難格신위난격
通於幽통어유 感於神감어신 則治人何難有之즉치인하난유지
心猶活物심유활물 獨以動物독이동물

그윽한 기운과 밝은 기운은 하나의 이치이나 그윽한 기운은 알기가 어렵고 신과 사람은
하나의 道이나 신은 헤아리기가 어렵느니라.
그윽한 기운과 통하고 신과 감응이 되면 사람을 다스리는 것이 무엇이 어려울 수가 있으
리오? 마음 하나로 물을 살릴 수 있고 홀로 물을 움직일 수가 있느니라.

[의통]이라 하심도 결국은 마음 하나로 병을 치료하고 사람을 살리는 것입니다.

중화경 주해

玄玄妙妙현현묘묘 **至道之精**지도지정
昏昏黙黙혼혼묵묵 **至道至極**지도지극
學者학자 **從容涵養**종용함양 **至於日深月熟**지어일심월숙
則忽有不期而自來즉홀유불기이자래 **力行則**역행즉
積累之功적루지공 **化生自然無跡之妙也**화생자연무적지묘야

심오하고 심오하며 묘하고 묘한 것은 지극한 道의 정(精)이며 아득하고 아득하며 고요하고
고요한 것은 지극한 道의 극(極)이니라.
학자가 종용함양하여 나날이 깊어지고 성숙하면 (道가) 기약 없이 홀연히 찾아오리니 더욱
노력한즉 쌓은 공덕이 자연에 화생하여 자취 없는 묘한 공적을 이루리라.

學者라 하심은 새로운 운과 법이 시작이 될 때 진법공부를 하는 도인들을 두고 하신 말씀
입니다.
상극세상에서 물들은 그릇된 인습을 모두 버리고 삼망 오기(三忘 五忌)로 혁신하여 분별과
가림을 두시는 사가 전혀 없이 은혜를 베푸시는 상제님 도덕을 행할 수 있어야 체(體)와 감
응이 되어 마음에 응할 수 있게 되는 것입니다. 더욱 노력하면 道의 지극한 기운이 자연에
두루 전해져 만물의 화육에 기여할 수 있게 된다는 말씀입니다.

德至而福自應덕지이복자응 皆天意所在也개천의소재야
天之生物천지생물 必因本然필인본연
裁者根本純固재자근본순고 傾者根本搖動경자근본요동
培養覆敗之數배양복패지수 天非有私意於其間천비유사의어기간
因其物인기물 自取其本也자취기본야

덕이 지극하면 복은 자연히 응하게 되며 모두가 하늘의 뜻이 있기 때문이니라.
하늘이 만물을 낳을 때는 반드시 본연에 따르게 되느니라.
적절한 것은 근본이 순고하기 때문이며 기울어진 것은 근본이 요동하기 때문이라.
배양되기도 하고 실패하기도 하는 수는 하늘이 그 사이에 사사로움이 있기 때문이 아니며
그 물이 스스로 그 근본을 취하기 때문이니라.

如人之病여인지병
若有生氣약유생기 則藥氣依附而滋生즉약기의부이자생
若有死氣약유사기 則藥氣流散而危殆즉약기유산이위태

마찬가지로 사람의 병도 만약에 사는 기운이 있으면 약기운이 붙어 자생을 하게 되지만
만약에 죽는 기운이 있으면 약기운이 흐르고 흩어져 위태하게 되리라.

상제님께서 [이제 천하에 물기운이 고갈하였으니 수기를 돌리리라] 하심이 때가 되면 도인
들이 공부법방으로 道의 지극한 기운을 순환시키고 온 세상에 약기운을 전해주는 것을
뜻하시는 것입니다.
이때 공덕이 되어 사는 기운이 있으면 약기운을 받아들여 대병에서 벗어날 수 있지만 죄
가 많으면 받아들이지 못하고 위태하게 되는 것입니다.

天下之治亂천하지치란 **都在於**도재어
吾身之得失矣오신지득실의

천하가 다스려지고 혼란스러운 것이 모두 내 몸이 얻고 잃는 데 있느니라.

재차 언급하는 내용이지만 道는 자체가 털끝만 한 사가 없이 은혜를 베푸는 지극한 선이며 항시 동정순환하면서 삼라 만상에 두루 전해져 음양 두 기운이 태극의 원리로 합덕하고 조화가 이루어지게 하는 기운인 것입니다.

군주에게 道가 있으면 이와 같은 道의 덕이 항시 동정순환하면서 백성들 마음에 전해지게 되므로 백성들이 서로 돕고자 하여 태극의 진리가 실현이 되어 [무위이화]로 다스려지지만 道를 잃어 기운이 전해지지 못하면 백성들이 사리사욕을 도모하여 온갖 다툼이 생기게 되고 혼란해진다는 말씀입니다.

현 세상 기운이 점점 무도해지고 인심이 점점 악해지는 것이 모두 귀신이라 표현하신 [道의 체인 [물기운]이 고갈이 되고 귀신의 굴신하는 덕인 誠(충 효 열)이 끊어져 천하 사람들 마음에 지선(至善)인 상제님 도덕이 전해지지 못하고 있기 때문입니다.
당연히 때가 되면 도인들이 [물기운]을 체득하여 천하 사람들뿐만 아니라 금수 초목, 삼라 만상에 두루 전할 때가 있는 것이며 이때 참여치 못하면 수도 인생에 의미가 없는 것입니다.

鬼神귀신 **往來屈伸其德**왕래굴신기덕
是天命之實理시천명지실리
天地之理천지지리 **盡於鬼神**진어귀신

귀신의 왕래굴신하는 덕이 곧 천명의 실체이며 천지의 이치가 모두 귀신에게 다하니라.

양의 사상 팔괘가 모두 귀신의 왕래굴신하는 기운에서 비롯된 것이니 천지의 모든 이치가 귀신에게 다한다고 하신 것입니다.

君子군자 窮神進力於天道궁신진력어천도
天理油然作雲천리유연작운 沛然河雨패연하우
一誠終始일성종시 流行萬物之中유행만물지중

군자가 신명을 다하여 천도에 진력을 다하면 천리는 구름이 힘있게 피어나고 물과 비가 폭포처럼 쏟아지듯이 지극한 기운을 내려주리니 시작과 끝까지 성을 다하면 기운이 유행하여 만물 중에 있게 되리라.

天道를 받들고 펼치는 데 진력을 다하면 道의 기운이 만물 중에 들어서 화육에 기여하게 된다는 말씀입니다.

無誠則無物무성즉무물 有誠則有物유성즉유물
至誠不息則지성불식즉 生物之多생물지다
莫知其所以然也막지기소이연야 至誠物用則지성물용즉
所以配天地소이배천지 久則有驗구즉유험

誠이 없으면 물도 없고 誠이 있으면 물도 있는 것이니 지극한 誠을 다하면 생물이 많게 되며 어찌하여 그와 같이 되는 줄은 알지 못하느니라.
지성으로 물을 쓴다면 천지와 짝이 될 수 있으리니 오랫동안 그리하면 효험이 있으리라.

귀신이라 하신 [道의 체를 체득하여 지성으로 쓸 수 있으면 천지가 하는 일을 도와줄 수가 있어 천지와 짝이 될 수 있다는 말씀입니다.

千古以上천고이상 萬里之外만리지외
一心所通焉일심소통언 如木之千枝萬葉여목지천지만엽
都是生氣流注貫通도시생기유주관통

아득한 옛적과 만 리 밖의 일도 一心으로 통할 수 있느니라.
나무에 있는 천 개의 가지와 만 개의 잎에 모두 생기가 유주 관통하는 것과 같으니라.

귀신의 왕래굴신하는 덕이 털끝만 한 사가 없는 一心이며 이 기운이 삼라 만상에 통하지
않는 곳이 없으므로 一心으로 모두 통할 수 있다고 하신 것입니다.

德行於道덕행어도 道得於心도득어심 則有日新之功즉유일신지공

덕을 베풀어 道를 행하면 마음에 道를 얻을 수 있으며 마음에 道를 얻으면 나날이 새롭게 발전하는 공이 있느니라.

마음 안에 靈이 들어서는 것이 道를 얻는 것이며 靈이 만기를 통솔하여 몸과 마음이 점점 바르게 되므로 나날이 발전할 수 있다고 하신 것입니다.

[정심경]의 天君이 곧 靈을 뜻하는 것입니다.
원기가 포행하여 칠정이 바르게 되고 사상이 성도하여 만방이 편안해진다 하고 임금과 신하가 뜻이 잘 맞으니 영대에서 경위가 바로 세워지고 사덕이 정중하여 계계 승승하고 아름답고 상서로운 기운이 순환하여 기틀을 운영하니 열고 닫는 것이 바르게 된다 하는 것이 모두 나날이 새롭게 발전하는 것을 뜻하는 것입니다.

[병세문]에 得其有道(득기유도) 則大病勿藥自效(즉대병물약자효) 小病勿藥自效(소병물약자효)라 하심도 靈이 마음에 들어서는 것을 뜻하시는 것입니다.
道의 체는 항시 지극한 덕이 동정순환하는 기운이며 반드시 내 몸 안에 道의 지극한 기운이 순환이 되어야 대병도 자연히 낫게 되고 소병도 자연히 낫게 되는 것입니다.

현재는 수도하는 사람들이 수도를 아무리 오래 한다 하여도 별다른 변화를 느낄 수 없는 것이 모두 靈이 마음 안에 들어서지 않았기 때문입니다.
상제님 도덕은 우리 쪽이니 남의 쪽이니 분별을 두시는 사가 전혀 없이 은혜를 베푸시는 기운이므로 인류가 서로 편을 갈라 다투는 일이 없게 하시어 상생만 한다는 세상을 이루실 수가 있는 것입니다.

선천기운은 당연히 정반대의 기운이며 상반된 기운이 지배하는 세상에서는 전해주신다 하여도 세상에 번져 나가지 못하고 성공할 수 없는 것입니다.
근본적으로 웅패가 맡은 선천운이 다 되고 나서야 전해지게 하신 것이 [구천의 도수]입니다.

恭主一身공주일신 **誠主一心**성주일심 **感者自己之道**감자자기지도

공손한 기운을 유지하여 몸은 항상 예에 적중케 하고 마음에 誠을 간직하여 眞心堅守(진심견수)하면 감(感)이 자기의 道가 된다는 말씀입니다.

感이 곧 性에서 비롯되는 기운이며 感이 [도통기운]입니다.

夫부 **性者**성자 **萬物之一源**만물지일원
指用出於體지용출어체 **指體出於用**지체출어용

무릇 성(性)이라 하는 것은 만물의 한 근원이며 체의 용을 쓰는 것을 뜻하고 그 체를 내어 쓰는 것을 뜻하기도 하니라.

性에서 비롯되는 기운이 곧 誠이며 이를 쓰기도 하고 性 자체를 내어 남에게 전해줄 수도 있다는 말씀입니다.

根於天理自然근어천리자연 **謂之仁**위지인
形於人心至愛형어인심지애 **謂之孝**위지효
眞實無妄진실무망 **謂之誠**위지성
主一無適주일무적 **謂之敬**위지경

천리가 자연을 이루는 근본이 곧 仁이며 사람 마음의 지극한 사랑이 나타나는 것이 곧 孝이고 삿된 마음이 전혀 없는 진실한 마음을 誠이라 하며 다른 마음이 없이 진지한 마음을 敬이라 하느니라.

聖人之心성인지심 所謂天且不違소위천차불위
至誠指지성지 大經大本之質理대경대본지질리
至聖指지성지 發用神妙之眞理발용신묘지진리

성인의 마음은 소이 하늘도 어길 수 없으니 지극한 성(誠)이라 하는 것은 인간 도덕의 큰 규범의 근본이 되는 바탕을 뜻하며 지극한 성(聖)이라 하는 것은 신명의 묘한 진리를 내어 쓰는 것을 뜻하느니라.

禮者理也예자이야 理必有其實然後이필유기실연후
有其文유기문 文者所以文其實也문자소이문기실야
天地節文천지절문 人事之儀則인사지의칙

예는 곧 이치이니라. 이치는 반드시 실이 있은 후에 거기에 대한 문이 있는 것이며 문이라는 것은 소이 문에 실이 있는 것이니라. [천지절문]이 인사의 의칙이 되느니라.

오륜과 같이 이치가 행해지는 어떤 명제가 있어야 거기에 대한 예문이 있게 된다는 말씀이며 문에는 실천해야 되는 규범이 있다는 말씀입니다.
[천지절문]은 [예기]에 나오는 [예절에 대한 규범입니다.

事死亡如生存曰誠사사망여생존왈성 凡祭祀皆然범제사개연
而交於神明者이교어신명자 愈遠則其心愈篤유원즉기심유독
保本追遠之心盡則보본추원지심진즉 仁孝誠敬之至矣인효성경지지의
此心久於事物之理則차심구어사물지리즉 何所不明하소불명
吾心之誠오심지성 何所不格哉하소불격재

고인을 생존해 있는 것처럼 모시는 것이 곧 성(誠)이니라.
모든 제사가 마찬가지이며 신명과 교감하는 것은 먼 조상일수록 그 마음은 돈독한 것이며 조상의 은혜를 갚고자 하는 마음이 극진한즉 인효성경이 지극한 것이니라.
그 마음을 오랫동안 사물의 이치에 쓴다면 어찌 밝아지지 않을 수가 있겠으며 내 마음의 성이 어디엔들 이르지 못하겠는가?

天者理也천자리야 昭昭之天소소지천 合人心之天합인심지천
理源於天이원어천 具於人心구어인심
若逆理則약역리즉 自欺此心之天자기차심지천
此欺在天之天차기재천지천
禍非自外而來화비자외이래 罪及其身죄급기신

하늘은 이치이니라.
밝고 밝은 하늘이 사람 마음의 하늘과 합해져 있느니라.
만약에 이치에 거역하면 스스로 마음의 하늘을 속이는 것이며 그것은 하늘에 있는 하늘을 속이는 것이니 화가 밖에서 오는 것이 아니며 죄가 그 몸에 미치게 되리라.

好德之人호덕지인 心所同然심소동연
同德相應동덕상응 則天理自然合矣즉천리자연합야
德者人心之公理덕자인심지공리 必有同德相從필유동덕상종
如居之有隣也여거지유린야

덕을 좋아하는 사람은 마음이 같으므로 같은 덕이 서로 응하게 되며 곧 천리가 자연을 이루듯이 자연적인 현상이니라.
덕은 사람 마음에 당연히 있어야 되는 이치이며 반드시 덕이 같은 사람끼리 서로 따르게 되리니 거주하는 곳에 이웃이 있는 것과 같으니라.

範圍天地범위천지 一念不踰時則일념불유시즉 經緯萬方경위만방
雖天下之大수천하지대 德乃可動덕내가동

범위를 천지까지 하여 일념을 잃지 않으면 경위가 만방에 세워지고 천하가 아무리 크다 하여도 덕이 가동하게 되리라.

道를 얻으면 경위가 만방에 세워지고 道의 덕이 온 천지에 두루 전해지게 할 수 있어 천지와 짝이 될 수 있다는 말씀입니다.

[지침]에 [道가 음양이며 음양이 이치이며 이치가 곧 경위며 경위가 법이라는 진리를 깨달아야 한다] 하심과 같이 음양 두 기운이 태극의 원리로 합덕 조화를 이루는 것을 道라고 하는 것이며 [태극의 진리를 이치라 하고 경위라 하는 것이며 만물이 존재할 수 있는 불변의 원칙이므로 법이라 하는 것입니다.

인간관계에서도 마음이 치우치지 않아야 서로 도리에 알맞게 할 수 있으므로 경위가 바로 될 수가 있는 것이며 자신이나 자기 쪽에 치우치면 불화가 안 생길 수가 없는 것이며 세상 없어도 경위가 바로 될 수가 없는 것입니다.
곧 음양을 조화시킬 수 있는 中이 경우이고 이치이며 [경위 만방]이라 하심도 性이 만방에 전해지는 것을 뜻하시는 것이며 천하의 시비(是非)가 바로잡히는 것을 뜻하시는 것입니다.

欲知廣大則욕지광대즉 於天地觀之어천지관지
欲知變通則욕지변통즉 於四時觀之어사시관지
欲知陰陽則욕지음양즉 於日月觀之어일월관지
欲知功德則욕지공덕즉 於聖人觀之어성인관지

광대한 것을 알고자 한다면 천지를 볼 것이요, 변통하는 것을 알고자 한다면 사시를 볼 것이요, 음양을 알고자 한다면 일월을 볼 것이요, 공덕을 알고자 한다면 성인을 보아야 하느니라.

富有者大業부유자대업 日新者盛德일신자성덕
生物無窮생물무궁 天地之大業천지지대업
運行不息운행불식 天地之盛德천지지성덕
功及萬世공급만세 聖人之大業성인지대업
終始日新종시일신 聖人之盛德성인지성덕

부유는 대업을 뜻하고 일신은 성덕을 뜻하느니라.
생물 무궁은 천지의 대업이요 운행 불식은 천지의 성덕이니라.
공덕이 만세에 미치는 것은 성인의 대업이요, 나날이 발전하는 것은 성인의 성덕이니라.

富有者부유자 無物不有而무물불유이 無一毫之虧欠무일호지휴흠
日新者일신자 無時不有而무시불유이 無一息之間斷무일식지간단
藏之而愈有장지이유유 顯之而愈新현지이유신

부유는 없는 것이 없이 조금도 부족하지 않은 것을 뜻하며 일신은 어떤 때라도 쉬거나 멈추지 않는 것을 뜻하며 간직하면 더욱 있게 되고 나타날 때는 더욱 새롭게 되리라.

결국은 道의 덕을 두고 하신 말씀이며 道를 얻어 간직하면 포용하는 덕이 점점 커지고 쉬지 않고 함양하면 내어 쓸 때는 더욱 새롭게 된다는 뜻입니다.

出者출자 自內而外故자내이외고 往也왕야
入者입자 自外而內故자외이내고 來也래야
今日覆算昨日之故금일복산작일지고 曰數往者順왈수왕자순
今日逆計來日之故금일역계내일지고 曰知來者逆왈지래자역
陰陽음양 一分一合일분일합 進退之中진퇴지중
造化無窮之妙也조화무궁지묘야

나가는 것은 안에서 밖으로 가는 것이므로 왕(往)이라 하고 들어오는 것은 밖에서 안으로 오는 것이므로 래(來)라고 하느니라.
금일 지난 일을 다시 계산하는 것이므로 말하자면 지난 일을 헤아리는 것은 순(順)이요 금일 역으로 내일을 계산하므로 말하자면 오는 것을 아는 것은 역(逆)이니라.
음양이 한 번 갈라서고 한 번 합해지고 진퇴하는 중에 조화가 무궁지묘이니라.

日者일자 管領萬物관령만물 運行不息운행불식
生生不已생생불이
天地也천지야 聖人也성인야 一而已矣일이이의

해는 만물을 관령하며 운행을 쉬지 않고 낳고 낳는 것이 그치지 않느니라.
천지야, 성인야 하나일 뿐이니라.

천지도 결국은 무극 태극의 진리에 의하여 시와 종을 하게 되므로 진리 자체이신 상제님
과 천지는 한 몸과 같다는 말씀입니다.

有是時유시시 有是才유시재 必有時才필유시재
可以濟世之才가이제세지재
與時會合則여시회합즉 足以成務족이성무
知天之可畏지천지가외 必擇人居之필택인거지
知事之可畏지사지가외 必兢業圖之필긍업도지

때가 있으면 사람이 있는 것이며 반드시 때에 따라 사람이 있는 것이니라.
가히 세상을 건질 수 있는 재목이라.
때와 서로 만나면 족히 일을 이루게 되리니 하늘을 경외할 줄 알면 반드시 선택을 받아 세
워질 것이요, 일(천지공사)을 경외할 줄 알면 반드시 삼가하여 공사를 받들게 되리라.

중화경 주해

人與天地一體인여천지일체 身與手足一體신여수족일체
人與天地不相通인여천지불상통 心不通심불통
身與手足不相通신여수족불상통 氣不通기불통
手足不仁수족불인 謂之病위지병

사람과 천지는 한 몸이요 몸과 손발은 한 몸이니라.
사람과 천지가 서로 통하지 못하면 마음이 통하지 못하게 되는 것이며 몸과 수족이 서로
통하지 못하면 기가 통하지 못하는 것이니라.
(기가 통하지 못하여) 수족이 바르지 못한 것이 곧 병이니라.

상제님께서 [선천에서 상극이 인간지사를 지배하였으므로 원한이 세상에 쌓이고 따라서 천지
인 삼계가 서로 통하지 못하여 이 세상에 참혹한 재화가 생겨났느니라] 하심이 상극운으로 인
하여 서로 원수처럼 여기고 미워하고 해치고자 하는 악한 마음이 점점 쌓이게 되고 이로 인하
여 종래에는 지선(至善)인 하늘의 도덕이 천하 사람들 마음에 통할 수 없게 되어 이 세상에 온
갖 악한 행위가 생겨나게 되었다는 말씀으로 이것이 세상의 대병(大病)이라는 말씀입니다.

[상극]이라 하심이 으레 강압과 위무로 사람을 복종토록 만들어 다스리는 웅패의 기운을
두고 하신 말씀입니다.
선천은 이와 같은 기운이 권세를 얻어 온 세상을 지배하여 [소천지인 천하 사람들 마음에도
같은 기운이 주(主)가 되어 세상 어디에서나 위계를 세우고 위무로 사람을 다스리는 세상이
된 것입니다.

선천세상이 으레 매나 폭력을 가하여 사람을 복종토록 만들어 다스리고자 하고 집단 간
에도 강한 나라가 약한 나라를 무력으로 굴복시켜 지배하고자 하던 것도 모두 같은 기운
인 것입니다.
선천세상 내내 이와 같은 기운이 온 세상을 지배하여 온갖 전란이 끊이지 않는 상극세상이 된
것이 아니고 무엇이겠으며 이로 비롯된 원한이 三界를 가득 채우고 넘쳐나 종래에는 인계와 신
계에서 모두 道의 근원이 끊어져 三界가 모두 진멸지경에 이르게 되었다고 하신 것입니다.
桀惡其時也(걸악기시야)라 하심도 이와 같은 웅패의 상극이 지배하였던 선천세상을 뜻하시
는 것입니다.

仁者인자 人之生理인지생리 天地與我同心천지여아동심
人得天地之心인득천지지심 爲心卽謂之仁위심즉위지인
而善之本이선지본
善者선자 天地賦與萬物之理천지부여만물지리
仁者인자 天地生生萬物之心천지생생만물지심

仁이 사람이 사는 이치이니라.
천지와 나는 같은 마음이며 사람이 천지의 마음을 얻으면 그 마음을 仁이라 하고 선의 근본이 되느니라.
선(善)은 천지가 만물에게 부여한 이치이며 仁은 천지가 만물을 낳고 낳는 마음이니라.

천지가 만물이 서로 도와가면서 살아갈 수 있도록 선(善)을 부여하심은 당연하신 일인 것입니다.
상제님께서 [仁者 人之生理]라는 말씀을 자주 하심이 仁이 사람이 살아가게 하는 이치라는 것을 깨달아 반드시 이를 회복할 수 있어야 되기 때문입니다.
[仁者 人心之全體]라는 말씀을 자주 하심도 仁이 본래 사람 마음의 전체이지만 인류가 서로 해치던 상극세상에서 살아오면서 마음이 변질이 되었기 때문입니다.

하느님의 자식과 같은 존재인 사람에게 털끝만 한 사가 없이 은혜를 베푸시는 하늘의 성품이 주어진 것이 곧 仁인 것입니다.
[인간 대적선]이라 하심과 같이 大적선하는 것이 하늘이 부여한 본마음이지만 상극세상에서 살아오면서 악한 마음이 생기게 되고 인류가 본마음을 잃게 되었다는 뜻이신 것입니다.
때가 되면 다시 전해주시는 것이 [무극대운]이며 반드시 사람의 본마음을 회복할 수 있어야 인간 완성을 이룰 수가 있는 것입니다.

安土敦仁者안토돈인자 其德廣大기덕광대 其愛自廣기애자광
敦乎仁者돈호인자 不失其天地生物之心부실기천지생물지심

대하기가 편하고 인정이 많은 사람은 그 덕이 광대하고 그 사랑도 광대하느니라.
仁이 돈독한 사람은 천지가 만물을 낳는 마음을 잃지 않은 것이니라.

敦是仁體돈시인체 愛是及物處애시급물처
仁者愛之理인자애지리 愛者仁之用애자인지용 相爲表裡상위표리

사랑이나 인정이 많은 마음이 곧 仁의 체이며 사랑(愛)은 물에 미치는 마음이니라.
仁은 사랑의 이치이며 사랑은 仁의 쓰임이고 서로 겉과 속이 되느니라.

仁者在己則인자재기즉 何憂之有하우지유
若不在己약부재기 逐物在外축물재외 則皆憂즉개우
知命者지명자 知有命而信지유명이신 如天命故여천명고
無憂무우 其知益深기지익심 隨處皆安수처개안

仁이 자신에게 있다면 무슨 걱정이 있으리오. 만약에 자신에게 있지 않고 물질을 추구하여 밖에 있다면 모두가 근심이라.
천명을 아는 사람은 천명이 있다는 것을 아는 것이 믿음이 되어 천명을 따르게 되므로 근심이 없느니라. 아는 것이 더욱 깊어지면 어떤 곳에 있어도 항상 편안하리라.

大者無不統也_{대자무불통야} 廣者無不承也_{광자무불승야}

天地之間_{천지지간} 至大至廣者也_{지대지광자야}

天地_{천지} (至變者四時_{지변자사시} 至精者日月_{지정자일월})

크다는 것은 거느리지 못하는 것이 없다는 뜻이요, 넓다는 것은 받아들이지 못하는 것이 없다는 뜻이니라.

천지간에 지대지광자는 바로 천지이니라.

(지극히 변하는 것은 사시이고 지극히 정밀한 것은 일월이니라)

至善者至德_{지선자지덕} 至善是_{지선시} 當行之理_{당행지리}

至德是_{지덕시} 自家所得者也_{자가소득자야}

지극히 선하다는 것은 지극히 덕이 많다는 뜻이며 지선은 당연히 행해야 되는 이치이며 지덕은 스스로 얻게 되는 공이 있느니라.

인류가 서로 도와가면서 살아야 되는 것은 당연한 일이며 덕이 많으면 남에게 도움을 받게 된다는 말씀입니다.

聖人성인 (所以極乎上者소이극호상자 至嚴至密지엄지밀
所以接乎下者소이접호하자 至寬至廣지관지광)
雖彼之所以化於此者수피지소이화어차자 淺深遲速천심지속
其效惑有不動기효혹유부동 吾之所以應於彼者오지소이응어피자
長養涵育장양함육 其心未嘗不一기심미상불일 存而不失존이부실
便是道義之門편시도의지문 此生生不已處차생생불이처

성인은 (소이 위로는 지극히 엄정하고 지극히 빈틈이 없으며 소이 아랫사람을 대할 때는 지극히 관대
하고 지극히 넓으니라) 비록 교화를 받는 사람이 얕기도 하고 깊기도 하며 더디기도 하고 빠
르기도 하여 그 효과가 다르다 하여도 나에게 소이 응하는 상대를 오랫동안 가르치어 그
마음이 한결같지 않다 하여도 마음을 잃지 않으면 따라서 도의의 문이 되는 것이며 낳고
낳아 그치지 않는 생생 불이처가 되리라.

道의 체인 靈이 마음 안에 있으면 똑같은 분신이 계속 나와 세상에 전해지고 전해지게 되
는 처소가 된다는 말씀입니다.

聖人之言성인지언 明其道명기도
知其理而無窮故지기리이무궁고 樂而玩낙이완
天下許多道理천하허다도리 都在聖人口頭도재성인구두
開口道理之門개구도리지문 擧古之聖人之言거고지성인지언
以敎人이교인

성인의 말은 밝은 도이며 그 이치를 아는 것이 무궁고로 즐겁고 재미있느니라.
천하의 허다한 도리가 모두 성인의 입에서 비롯된 것이니 성인의 말이 곧 도리의 문이니라.
옛적의 성인의 말을 들추어내어 남을 가르치라.

天地生萬物천지생만물 而先言人者이선언인자
天地之性천지지성 人爲最貴인이최귀 萬物皆備於人만물개비어인

천지가 만물을 낳아 먼저 사람을 말하는 것은 천지의 성중에 사람이 가장 귀하기 때문이니라.
만물이 모두 사람에게 준비되어 있느니라.

사람은 만물을 모두 취할 수 있다는 말씀입니다.

乾爲天也건위천야 爲陰之父위음지부
坤爲地也곤위지야 爲陽之母위양지모
萬物分天地만물분천지 男女分萬物남녀분만물
察乎此則찰호차즉 天地與我幷生천지여아병생
萬物與我同體만물여아동체
是故시고 聖人성인 親其親친기친 長其長장기장
而天下平이천하평

건은 하늘이요 음의 아버지이고 곤은 땅이요 양의 어머니이니라.
만물로 천지가 나누어지고 남녀로 만물이 나누어지니 이와 같은즉 천지와 나는 같이 살아가고 만물과 나는 한 몸이니라.
고로 성인은 친밀히 하고 서로 도와 천하평을 이루느니라.

[親其親 長其長 而天下平]은 맹자에 나오는 구절이지만 상제님께서 천하가 한 몸과 같으니 서로 같은 식구처럼 여기고 도와가면서 살아가야 된다는 의미에서 인용을 하신 것입니다.

雖一草木수일초목 一禽獸일금수
非其時殺伐者비기시살벌자 謂之不孝위지불효

비록 일초목 일금수라 하여도 이유 없이 살벌하는 것은 불효이니라.

천지는 부모와 같으므로 부모가 낳은 물을 함부로 해치면 불효가 된다는 말씀입니다.

蓋物有개물유 雌雄牝牡之異자웅빈모지이
則父母男女之像즉부모남여지상 其生也기생야
皆有先後次序之異개유선후차서지이 則長中老少之像즉장중노소지상
天地之性천지지성 人爲最貴인위최귀
故以人言之고이인언지 分別耳분별이
一陰一陽일음일양 此天地生生之理차천지생생지리

대개 물에는 자웅과 빈모로 구별이 되어 서로 다르며 곧 부모 남녀의 상과 같으니라.
생하는 것은 모두 선후차서로 다르며 즉 장중노소의 상과 같으며 천지의 성 중에서 사람
이 가장 귀하므로 사람을 말할 때는 다르게 말하니라.
일음과 일양 그것은 천지가 낳고 낳는 이치이니라.

중화경 주해

大哉대재 乾元건원 萬物資始만물자시
乃繼之者善내계지자선 坤道變化곤도변화 各正性命각정성명
成之者性성지자성

크도다 건원이요, 만물이 시작할 수 있는 기운을 부여하는도다.
이어져 전해져 오는 기운은 선(善)이며 곤도(땅)에서 변화하여 각기 성명을 바르게 하고 이루어지는 것은 性이니라.

옥황상제님께서 8·15 해방 직전에 큰 소리로 말씀하시기를 [태극이 기동하니 만물이 자시자생(資始資生)이로다] 하심도 건원(乾元)의 지극한 도덕이 전해지게 하시는 훗날의 도수를 보신 것입니다.
[선천은 인간 사물이 모두 상극에 지배되어…] 하심과 같이 선천은 당연히 상생만 한다는 세상을 이루실 수 있는 상제님 도덕과 상반된 기운이 지배한 세상입니다.
선천세상에서 집단 간, 나라 간에도 치우치지 않아 같은 존재로 여길 수 있는 상제님 도덕이 어찌 세상에서 용납될 수가 있었던 세상이며 밑에 있는 신하들이나 백성들이 오직 자신에게 복종과 충성하기 바라는 삿된 욕심을 가지고 있는 것이 웅패의 기운이니 이를 절대로 용납할 수 없는 기운이 아니고 무엇이겠습니까?
당연히 이와 같은 기운이 지배하는 세상에서는 상제님 도덕이 전해질 수가 없는 것입니다.

해방 후에 [三界 해방도수를 보아 태을문을 여는 大공사를 이룸이니라] 하심도 수천 년 동안 인간 사물을 지배한 웅패의 기운을 거두시고 인류가 [세계일가]를 이룰 수 있는 무극의 大도덕이 전해질 수 있게 하시는 도수를 보신 것입니다.
그동안 선천법으로 수도해온 도인들도 선천세상 내내 남을 수하에 두고 자신에게 복종토록 만들어 다스리던 기운 속에서 살아와 연줄을 따져 도인들을 수하 사람처럼 여기고 위무로 통제하기도 하던 선천의 오랜 인습을 모두 버리고 삼망 오기(三忘 五릉)로 혁신을 할 수 있어야 [세계일가]가 이루어지는 세상의 새로운 도덕을 체득할 수가 있는 것입니다.

繼之善元亨계지선원형 **是氣方行而未著事物**시기방행이미저사물
成之性利貞성지성이정 **是氣稟受而結成物事**시기품수이결성물사

이어져 전해져 오는 선이 곧 원형(元亨)이며 이 기운은 넓게 전해지지만 사물에 나타나지 않으며 성(性)을 이루는 기운은 이정(利貞)이며 이 기운은 품성에 따라 결실을 이루게 하느니라.

상제님께서 [묵은 하늘은 사람을 죽이는 공사만 보고 있었도다. 이후에는 일용백물이 필절하여 살아나갈 수 없게 되리니 이제 뜯어고치지 못하면 안 되느니라] 하시고 공사를 보신 후에 [간신히 연명은 되게 하였으되 장정은 배를 채우지 못하여 배고프다는 소리가 구천에 달하리라] 하셨습니다.

만물이 자연히 봄에 싹이 터서 가을이 되면 결실이 이루어지는 것처럼 보이지만 실제로는 원형이정(元亨利貞)의 천지의 道가 그와 같이 만드는 것입니다.
현재도 건원의 지극한 선인 원형(元亨)이 전해지지 못하고 있는 것이 현실이지만 억겁의 세월 동안 전해져온 기운이 아직 남아 있어 겉으로는 아무 이상이 없는 것처럼 보일 뿐이며 때가 되면 기운이 아주 동날 때가 있으므로 일용백물이 필절하여 살아갈 수 없게 된다고 하신 것입니다.
앞으로 배고플 때가 있다 하심도 이 때문입니다.

중화경 주해

身敎於天下_{신교어천하}
身敎者_{신교자} 示以躬行踐履之實_{시이궁행천리지실}
言敎於天下_{언교어천하}
言敎者_{언교자} 使其歌誦吟詠之得_{사기가송음영지득}
二者不可偏廢_{이자불가편폐} 以物求理_{이물구리}
而常玩物理_{이상완물리} 以養性_{이양성}

몸으로 천하를 가르친다 하나니 몸으로 가르치는 것은 道의 진리를 실천하는 궁행천리로 결실을 이루는 것이니라.

말로 천하를 가르친다 하나니 말로 가르치는 것은 말로 道의 진리를 전하는 가송음영으로 얻는 것이니 이 둘은 치우치거나 하나를 없애서는 안 되는 것이며 이로써 진리를 구하고 항상 병행하여 性을 양성(養成)토록 하라.

悠久猶人之元氣_{유구유인지원기} 博厚猶人之形體_{박후유인지형체}
植德務其滋息_{식덕무기자식} 去惡絶其根本_{거악절기근본}

유구는 사람의 원기와 같고 박후는 사람의 형체와 같으니라.

덕을 심고 덕을 가꾸고 키우는 데 힘써야 하며 악을 없애고 근본 뿌리를 제거하여야 하느니라.

學者학자 於此有어차유 以不失其先後之序이부실기선후지서
其輕重之倫焉기경중지륜언 則本末兼存즉본말겸존
內外交養내외교양 日用之間일용지간 無所間隔而무소간격이
從容涵育종용함육 忽有不期而自來홀유불기이자래
學者之工夫학자지공부 皆在其中개재기중

학자가 진덕수업을 할 때는 먼저 할 것과 나중에 할 것, 가볍게 할 것과 무겁게 할 것을 잃지 말아야 하리니 즉 본말을 겸존하고 내외교양을 일용지간에 쉼이 없이 종용함육을 하면 기약 없이 홀연히 찾아오리니 학자의 공부가 모두 그중에 있느니라.

진법공부를 할 때는 이와 같이 하여야 무극의 체가 마음에 들어설 수가 있다는 말씀입니다.

[교법]에 상제님께서 교훈하시기를 [인간은 욕망을 채우지 못하면 분통이 터져 큰 병에 걸리느니라. 이제 먼저 난법을 세우고 그 후에 진법을 내리나니 모든 일을 풀어 각자의 자유의사에 맡기노니 범사에 마음을 바로 하라. 사곡한 것은 모든 죄의 근본이요, 진실은 만복의 근원이라. 이제 신명으로 하여금 사람에게 임하게 하여 마음에 먹줄을 겨누게 하고 사정의 감정을 번갯불에 붙이리라. 마음을 바로잡지 못하고 사곡을 행하는 자는 지기가 내릴 때에 심장이 터지고 뼈마디가 퉁겨지리라. 운수야 좋건만은 목을 넘어가기가 어려우리라] 하심도 수도하는 사람들이 때가 되면 선천의 그릇된 구속에서 모두 벗어나 진법공부를 할 때를 두고 하신 말씀입니다.

[교운]에 상제님께서 김경학의 집에 대학교를 정하시고 [학교는 이 학교가 크니라. 이제 해원시대를 당하였으니 먼저 천한 사람들에게 교를 전하리라] 하시고 [교법]에서는 [이제 각 선령신들이 해원시대를 맞이하여 그 선자 선손을 척신의 손에서 빼내어 덜미를 쳐 내세우나니 힘써 닦을지어다] 하심도 모두 [선천에서는 인간 사물이 모두 상극에 지배되어…] 하신 웅패의 기운을 거두심에 따라 도인들이 [해원시대를 맞이할 때를 두고 하신 말씀입니다.

德盛仁熟덕성인숙 從容中道然後종용중도연후
有不期而自來유불기이자래 非始學之事비시학지사

덕과 인이 성숙하고 종용(안심 안신) 중도를 행한 후에 홀연히 마음 안에 들어서게 되리니 공부 초에 있는 일이 아니니라.

세상에서 끊어지고 고갈이 되었다 하신 기운을 공부 초에 체득하기는 어렵다는 말씀입니다.

子房之從容자방지종용 孔明之正大공명지정대
事之從容사지종용 自我由之자아유지
事之紛亂사지분란 自我由之자아유지

자방의 종용 공명의 정대 일이 순리대로 되는 것도 나에게서 비롯되는 것이며 일이 어지럽게 되는 것도 나에게서 비롯되는 것이니라.

陰陽成像음양성상 天道之所以立也천도지소이입야
陰陽氣也음양기야
剛柔成質강유성질 地道之所以立也지도지소이입야
剛柔質也강유질야
仁義成德인의성덕 人道之所以立也인도지소이입야
仁義理也인의이야

음양이 상을 이루는 것은 소이 하늘의 도를 세우는 것이요, 음양은 기이며, 강하고 부드러운 것이 질을 이루는 것은 소이 땅의 도를 세우는 것이요, 강유는 질이며, 인과 의가 덕을 이루는 것은 소이 사람의 도를 세우는 것이요, 인의는 理이니라.

道一而已도일이이 隨時著見수시저견 故有三才之別고유삼재지별
而其中各有體用之分焉이기중각유체용지분언
其實則기실즉 一太極也일태극야

道는 하나일 뿐이니 수시로 드러나니라.
고로 천지인에 서로 다른 모습으로 존재하며 그중에 각각 체와 용으로 나누어지느니라.
실체는 하나의 태극이니라.

五行是發源處오행시발원처 五事是持操處오사시지조처
八政是修人事팔정시수인사 五紀是順天道오기시순천도
都是人君之身上도시인군지신상 不過敬用불과경용
五事而已오사이이

오행은 발원처이며 오사는 지조처이고 팔정은 (군주가) 자기 책임을 다하는 것이며 오기는 천도에 순응하는 것이니라.
모두 인군의 신상에 있는 것이며 과하지 않고 공경하여 쓰는 것은 오사이니라.

此卽차즉 自强於暗察자강어암찰 致力於謹獨치력어근독
使之無一息間斷則사지무일식간단즉 天下平之意천하평지의
以此觀之이차관지
人君之所任인군지소임 豈不重哉기부중재

이와 같은즉 강하게 자신을 살펴보고 극히 조심하여 홀로 있을 때라도 마음을 속이지 말아야 하며 한시라도 쉬거나 끊이지 않고 이와 같이 하면 결국은 천하평을 이루고자 하는 뜻이니 이를 보면 어찌 인군의 소임이 중하지 않을 수 있으리오.

致敬則치경즉 人與鬼神인여귀신 二而一이이일
不敬則불경즉 人與鬼神인여귀신 一而二일이이
人之於鬼神인지어귀신 自當敬之자당경지
若見得道理약견득도리 分明則분명즉 須著也수저어

공경하면 사람과 귀신은 둘이면서 하나가 되고 불경하면 사람과 귀신은 하나이면서 둘이 되느니라.
사람은 귀신을 당연히 공경하여야 되며 만약에 견성하여 도리를 체득한 것이 분명하면 반드시 드러나리라.

[夫(부) 道也者(도야자) 天所命而(천소명이) 人以行之者也(인이행지자야) 仰之彌高(앙지미고) 鑽之彌堅(찬지미견) 瞻之在前(첨지재전) 忽然在後者也(홀연재후자야)]라 하신 道를 영안으로 볼 수 있게 된다는 말씀입니다.

又如卜筮우여복서 自伏羲堯舜以來자복희요순이래
皆用之是有此理也개용지시유차리야
人若於事有疑則인약어사유의즉 敬而卜筮決之경이복서결지
聖人성인 雖一時一事수일시일사 無不敬卜筮무불경복서

또한 복서를 복희 요순 이래 사용토록 한 것이 모두 이 때문이니라.
만약에 일에 의혹이 있을 때는 복서로 결정케 되리니 성인은 한시 한때라도 복서를 공경치 않으면 안 되느니라.

복서가 곧 신명에게 물어보는 것이므로 신명을 공경하여야 된다는 말씀이며 곧 大道를 공경하여야 된다는 말씀입니다.
그만큼 때가 될 때까지는 후천 선경세상을 열 수 있는 大道를 지켜내야 되는 것이 가장 중요하므로 반복하시어 말씀하신 것입니다.

聖人有攻於성인유공어 天下萬世천하만세
上之天文상지천문 下之地理하지지리 中之人倫중지인륜
依服之原의복지원 器用之利기용지리 法度之章법도지장
禮樂之則예약지칙 推明制作也추명제작야

성인의 유공은 만세토록 천하에 미치느니라.
위로는 천문을 밝히고 아래로는 땅의 이치를 밝혔으며 가운데 인륜이 있나니 의복의 원리
와 용기의 이로움 법도의 장을 만들고 예약의 준칙을 밝혀 제작하였느니라.

聖人성인 像八卦상팔괘 爲治天下위치천하
南面而立남면이립 取諸離취제이
離陽明卦也이양명괘야 萬物相見於離만물상견어리
故其像大人고기상대인 取以繼明취이계명
遍照四方편조사방 垂拱平章수공평장 其不美哉기부미재

성인이 팔괘의 상을 만들어 천하를 다스릴 때 남쪽에 리(離)괘를 취하여 세웠으며 離는 밝
은 괘라 만물이 서로 밝은 쪽을 바라보니 그 상이 대인이라.
항상 밝음을 취하고 두루 사방에 비추어 무위이화로 천하가 다스려지게 하니 어찌 아름답
지 않으리오.

天生聖人천생성인 以任斯道也이임사도야
達則爲天地立心달즉위천지입심
窮則繼往聖開來學궁즉계왕성개래학 爲生民之命위생민지명
天道如此也천도여차야
所行卽소행즉 是所知시소지
非於知之外비어지지외 別有所行也별유소행야

하늘이 성인을 낳아 이 도를 맡기느니라.
시기가 이로우면 천지에 마음을 세울 것이요, 시기가 불리하면 옛 성인들의 학문을 공부
하고 이어받아 민생들의 목숨을 구원하리니 천도가 이와 같으니라.
소위 행하는 것은 알기 때문이며 아는 것 이외에 별다른 행위가 있겠는가?

일도분재만방심(一刀分在 萬方心)이라 하심도 마음을 세우는 것이며 곧 道가 왕래굴신하는
것이며 수기가 도는 것을 뜻하시는 것입니다.

중화경 주해

誠者指鬼神성자지귀신
言之언지 鬼神之氣귀신지기 屈伸其德굴신기덕
是天命之實理시천명지실리 所謂소위 誠也성야
至誠如神지성여신

성(誠)이라 하는 것은 곧 귀신을 가리키는 것이니라.
말하자면 귀신의 기운이 굴신하는 덕이 곧 천명의 실리이며 이를 일러 誠이라 하는 것이니라.
지극한 誠은 곧 신과 같은 것이니라.

誠者自誠也성자자성야 道者自道也도자자도야
誠自誠則성자성즉 自然及物而자연급물이
道亦行於彼物也도역행어피물야

誠은 스스로 성이요 道는 스스로 도이니라.
성은 스스로 성이므로 자연히 기운이 물에 전해져 전해지는 물에서도 역시 道가 행해지게 하느니라.

誠은 귀신이라 하신 체를 가지고 있는 독립적인 존재이므로 自誠이라 하시고 道는 誠이 물에 전해져 태극의 원리로 음양의 조화가 이루어지는 것을 뜻하는 것이므로 自道라 하신 것입니다.
독립적인 존재이므로 사람의 의지와 상관없이 자연히 물에 전해져 피물에서도 道가 행해지게 하여 음양을 조화시킨다는 말씀입니다.

誠者성자 自心爲體자심위체 道者도자 自理爲用자리위용
誠字卽天命之性성자즉천명지성 是物之所以自成也시물지소이자성야
道字卽率性之道도자즉솔성지도 是人之所以自行也시인지소이자행야

誠은 스스로 마음을 쓰는 체이며 道는 자연히 이치가 행해지는 용이니라.
誠이라는 글자는 즉 천명지성을 뜻하는 것이며 곧 물이 소이 자연히 이루어지게 하느니라.
道라는 글자는 즉 솔성지도이며 곧 사람이 소이 스스로 행하는 것이니라.

誠은 스스로 마음을 쓰는 체 곧 마음을 誠이라 한다는 말씀이며 道는 誠이 물에 전해져 자연히 이치가 행해지는 용(用)을 뜻한다는 말씀입니다.
사람이 誠이라 말하는 글자는 곧 천명지성을 뜻하는 것이며 물에 전해져 자연히 생 장 염 장 사의가 이루어지게 한다는 말씀입니다.
道라고 하는 글자는 性을 따르는 것을 뜻하며 곧 사람이 자의에 의하여 스스로 행하는 것이라는 말씀입니다.

사람이 中이라는 천명지성을 잃게 되면 내 몸을 이루는 수많은 정과 기를 바르게 조화를 시킬 수 없어 결국은 자신을 잘못되게 만든다는 진리를 깨달아 자기 쪽에 치우칠 수밖에 없어 온갖 반목과 불화를 일으키게 되는 인심을 버리고 터럭만큼도 치우치지 않는다 하신 상제님 도덕을 추구하는 것이 솔성지도(率性之道)가 되는 것입니다.

솔성지도(率性之道)를 할 수 있어야 귀신이라 하신 체를 얻을 수 있게 되는 것이며 귀신이 곧 [무극의 본체]에서 비롯된 같은 기운인 것입니다.
사람이 道를 얻으면 왕래굴신하는 귀신지기(鬼神之氣)가 자연히 사람뿐만 아니라 만물에도 전해지게 되므로 천지가 원형이정으로 만물을 화육시키는 데 기여할 수 있어 천지와 짝이 된다고 하신 것입니다.

옥황상제님께서 [3·8 동방목운을 회선시켜 천하 창생들을 구원할 도운이라 하심도 피물에게서도 道가 행해지게 만든다 하신 誠을 천하 사람들 마음에 전해지게 하여 道가 행해지도록 하여 구원하신다는 말씀입니다.
誠이나 仁이나 같은 기운이며 태극의 원리로 음양의 조화가 이루어지는 것이 道가 행해지는 것입니다.

도통(道通)은 체와 통하는 것이 道에 통하는 것이므로 나한테 道의 기운이 전해진다 하여 道에 통할 수 있는 것이 아니며 귀신이라 하신 체를 얻어야 비로소 도통이 가능하게 되는 것입니다.

현재는 수기가 돌지 않지만 본래 동정순환, 왕래굴신하는 道의 지극한 기운은 사람뿐만 아니라 금수 초목, 삼라 만상에 항시 전해지는 기운인 것입니다.

聖人성인 **淸明在躬**청명재궁 **志氣如神**지기여신
至誠지성 **能知禍福之理**능지화복지리
則微之顯者즉미지현자 **卽鬼神**즉귀신

성인이 몸과 마음이 청명하면 뜻과 기가 신과 같아지느니라.
지극한 성을 다하면 능히 화와 복의 이치를 깨닫게 되고 이때 미세하게 나타나는 것이 곧 귀신이니라.

遠取諸物則원취제물즉 **變化可見矣**변화가견의
久於中則구어중즉 **必之於外**필지어외
至誠之德지성지덕 **箸於四方者**저어사방자
廣大故광대고 **配天地**배천지
惟性有未至於理유성유미지어리 **有未明則**유미명즉
與鬼神不相通여귀신불상통

멀리서 여러 물을 얻은즉 변화를 가히 볼 수 있을 것이요, 오랫동안 마음 중에 간직한즉 반드시 밖으로 나와 지극히 성스러운 덕이 사방에 펼쳐지는 것이 광대하여 천지와 짝이 되느니라.
오직 성이 아직 이치에 미치지 못하고 밝지 않은즉 귀신과 통할 수 없느니라.

遠取諸物(원취제물)은 어느 멀리에서 理와 氣를 체득하는 것을 뜻하시는 것이며 마음에 道가 응하면 변화를 가히 느낄 수 있게 된다는 말씀입니다.
상제님 말씀대로 道는 본인이 느끼건 못 느끼건 간에 털끝만 한 사가 없는 道의 지극한 덕이 항시 동정순환하면서 사방에 광대하게 전해지는 존재인 것입니다.

博文是致之格物박문시치지격물 約禮是克己復禮약례시극기복례
致之格物치지격물 知之事지지사
克己復禮극기복례 行之事행지사

학문을 깊이 하면 곧 사물의 이치를 알게 되고 겸손하게 예를 행하는 것은 곧 자신을 극복하고 예로 돌아가는 것이니라.
치지격물은 아는 일이요, 극기복례는 행하는 일이니라.

博文(박문) 約禮(약례)는 논어에 나오는 구절로 학문을 많이 하여 알고 나면 행할 때는 반드시 겸손하게 하여 예로써 행해야 된다는 뜻으로 학식이 높다고 자만하는 것을 경계하는 글입니다.
상제님께서 이 글을 인용하심도 도인들이 공부를 할 때는 자만에 빠지지 않도록 조심하고 행할 때는 반드시 겸손하게 하고 예로써 행해야 된다는 뜻으로 인용하신 것입니다.

중화경 주해

凡物之理범물지리 必先有質而後有文필선유질이후유문
文則乃禮之本문즉내예지본 文必有質而生문필유질이생
武必有資而殺무필유자이살 失其正理則실기정리즉
無序而不和矣무서이불화의

모든 물의 이치는 반드시 먼저 질이 있고 나서 문이 있게 되며 문은 곧 예가 근본이니라.
문(文)은 질이 있고 나서야 생하게 되며 무(武)는 반드시 합당한 이유가 있고 나서 살하여
야 되느니라.
올바른 이치를 잃게 되면 질서가 없어지고 불화가 생기느니라.

학문을 하는 것은 결국은 인간의 바른 도리를 행하기 위함이 근본이라는 말씀입니다.
문은 어떤 명제가 있어야 거기에 대한 정의가 있다는 말씀이고 무는 반드시 도움을 목적
으로 살하여야 된다는 말씀입니다.
인간의 바른 도리를 정의하는 문이 있고 이를 해치는 기운이 있으면 불의를 벌하는 무가
있게 되며 올바른 이치를 잃게 되면 불화가 생긴다는 말씀입니다.

君子立心군자입심 能知道理능지도리
故實得於己고실득어기 不求於他矣불구어타의
君子之道군자지도 有眞理故유진리고 日見其新일견기신
小人之道소인지도 無實德故무실덕고 日見其亡일견기망

군자가 마음을 세우면 능히 도리를 알게 되느니라.
그러므로 자신으로부터 진실을 구하지, 남으로부터 구하지 않느니라.
군자의 道는 진리가 있으므로 나날이 새롭게 발전하는 것을 볼 수 있을 것이며 소인의 道
는 진실과 덕이 없으므로 나날이 망하게 되는 것을 보게 되리라.

小人專求於利소인전구어리 故必背矣고필배의
貪不義之財탐불의지재 則反有害矣즉반유해의
利雖得反爲人所奪이수득반위인소탈

소인은 오직 이익을 구하고자 하므로 반드시 배신을 하게 되느니라.
불의로 재물을 탐하면 반대로 해가 있게 되며 비록 이익을 얻어도 반대로 남에게 빼앗기게 되느니라.

事事依於利則사사의어리즉 利己害人이기해인 其怨必多기원필다
小人有財而無德故소인유재이무덕고 禍及其身화급기신
小人有財而招禍소인유재이초화 君子有財而固德군자유재이고덕
敬事是節用경사시절용 節用則不傷財절용즉불상재

사사건건 이익을 탐하면 자신은 이롭다 하여도 남에게 해를 끼치게 되며 그 원한이 반드시 크리라.
소인은 재물이 있어도 덕이 없으므로 화가 그 몸에 미치며 군자는 재물이 있으므로 덕을 더욱 공고히 할 수 있느니라.
경건한 마음으로 일을 하면 절약을 하게 되고 절약하면 재물을 손상치 않게 되느니라.

長國家而奢侈之心장국가이사치지심 或有時而生혹유시이생
自然廣用則자연광용즉 害及於民해급어민
雖有愛民之心수유애민지심 民不被其擇矣민불피기택의

국가의 장이 되면 사치하는 마음이 혹 생길수가 있느니라.
자연히 광용을 한다면 그 해가 백성들에게 미치고 비록 백성들을 사랑하는 마음이 있다 하여도 백성들은 혜택을 받지 못하리라.

國家將興_{국가장흥} 和氣致祥_{화기치상} 必有禎祥之兆_{필유정상지조}
國家將亡_{국가장망} 乖氣致異_{괴기치이} 必有妖孽之萌_{필유요얼지맹}
衣服歌謠草木之怪_{의복가요초목지괴} 謂之妖_{위지요}
水旱蝗蟲疾病之怪_{수한황충질병지괴} 謂之孽_{위지얼}

국가가 장차 흥할 때는 화기가 일어나 반드시 상서로운 조짐이 있고 국가가 장차 망할때는 괴이한 기운이 생겨 반드시 요사하고 근심스러운 요얼(妖孽)이 싹트게 되느니라.
의복 가요 초목이 괴이한 것이 요(妖)이며 홍수와 가뭄 황충 질병의 괴이한 일들이 얼(孽)이니라.

天災見於上_{천재견어상} 水旱疾病蝗蟲_{수한질병황충}
人害生於下_{인해생어하} 人心怨反_{인심원반}
盜賊幷起_{도적병기} 外國侵犯_{외국침범}
如此則_{여차즉} 雖有聖人_{수유성인} 乃慾扶持_{내욕부지}
亦無奈何_{역무내하}

하늘의 재앙은 위에서 나타나며 수한 황충 질병이며 사람의 해악은 아래에서 나오며 인심 원반 도적병기 외국침범이니라.
이와 같은즉 비록 성인이 있어 바로잡으려 하여도 어찌할 수가 없느니라.

天地變踐천지변천 禍福之道화복지도
由民順逆取舍之故유민순역취사지고
聖人豈有別福而賜之성인기유별복이사지
曰왈 正心順理而行者정심순리이행자 是爲福시위복
無道之人무도지인 求榮反求辱구영반구욕

천지가 변하고 옮겨갈 때 백성들이 화와 복을 받게 되는 道는 오직 백성들이 천운에 따르거나 역행하며 (새로운 것을) 취하고 (묵은 것을) 버리는 데 있느니라.
성인이 어찌 별다른 복이 있어 줄 수가 있으리오.
말하자면 정심 순리를 행하는 사람은 복을 얻게 되고 무도한 사람은 영화를 구하고자 하나 반대로 욕을 얻게 되리라.

自富貴貧賤자부귀빈천 取舍之間취사지간 而至終食이지종식
造次顚沛之頃조차전패지경 無時不有무시불유
然而연이
其取舍之分明然後기취사지분명연후 存養之功密존양지공밀
存養之功密則존양지공밀즉 取舍之分益明矣취사지분익명의

부하고 귀하고 가난하고 천한 것을 취하고 버리는 가운데 음식을 굶기도 하고 엎어지는 지경에 이르기도 하는 것이 때에 따라서 없을 수가 없지만 그러나 취하고 버리는 것을 분명히 한 후에 본연의 양심을 지키는 존양지공이 분명해질 수 있으며 본연의 양심을 지키고자 하는 마음이 확실하면 취하고 버리는 것도 더욱 분명해지느니라.

중화경 주해

古之君子고지군자 戰戰兢兢전전긍긍

靜養動察정양동찰 不使一毫怠慢矣불사일호태만의

頃刻安危在處心경각안위재처심

一身收拾重千金일신수습중천금

옛적의 군자들은 전전긍긍하면서 마음을 깨끗이 하고 자신을 살피는 데 일호의 태만함이 없었느니라.

경각의 편안함과 위태함이 마음에 있는 것이며 일신(一身)을 움직이는 것을 중천금과 같이 신중하게 하여야 하느니라.

此處以得차처이득 太高妙然至誠之德태고묘연지성지덕
在我재아 能至其極則능지기극즉
其功效氣像기공효기상 著於天下自然저어천하자연
如此여차 能盡其道者능진기도자
惟堯舜而已유요순이이

이와 같은 방법으로 크게 높고 묘한 지극히 성스러운 덕을 얻어 그 덕이 나에게 있어 능히 그 극을 다하면 그 공효 기상이 천하 자연에 전해져 드러나게 되는 것이며 이와 같이 능히 그 道를 다한 사람은 요순이니라.

蓋堯舜개요순 日久月深일구월심 自有許多자유허다
博厚高明박후고명 悠久氣像也유구기상야
悠久者유구자 其勢寬緩而不促迫기세관완이불촉박
大率功效氣像대솔공효기상
如三代之治여삼대지치 氣像寬緩기상관완
五伯之治오백지치 氣像促迫기상촉박

대체로 요순은 나날이 마음이 깊어지는 일구월심으로 허다한 박후고명의 덕을 갖추고 있었으며 유구한 기상을 가지고 있었느니라.
유구라는 것은 그 기세가 넓고 완만하여 촉박하지 않아 크게 거느릴 수 있는 대솔공효 기상이니라.
이와 같이 삼대가 다스릴 때는 기상이 관완하였으며 오백이 다스릴 때는 기상이 촉박하였느니라.

如地勢寬緩則여지세관완즉 長遠장원
地勢斗峻則지세두준즉 短促단촉 皆宜寬緩之義개의관완지의
物之久則물지구즉 成而不壞성이불괴
不久則불구즉 雖成易壞수성이괴
至此(悠久)則지차(유구)즉 與天地同用矣여천지동용의

마찬가지로 지세가 관완하면 장원하는 것이며 지세가 높고 험준하면 짧고 가파른 것이니
모두가 마땅히 관완한 것이 옳다는 뜻이니라.
물이 오래됐으면 이루어진 것을 무너트릴 수 없으며 오래되지 않았으면 비록 이루어졌다
하여도 쉽게 무너지느니라.
이와 같으므로 유구(悠久)를 천지가 함께 쓰느니라.

方味之言방미지언 得於耳者非難득어이자비난
知之則行之爲難지지즉행지위난 未知則知之爲難미지즉지지위난
知而至誠行之則지이지성행지즉 不見其難불견기난

도리를 전하는 말을 듣기가 어려운 것이 아니요, 알고 행하는 것이 어려운 일이니라.
모르면 (道의 바른 이치를) 알기가 어려운 일이요, 알고 지성으로 행하면 道를 얻는 것이 어려운 것은 아니니라.

非多述舊聞비다술구문 固不足以建事고부족이건사
非博學古訓비박학고훈 固不足以立經고부족이입경

많이 쓰고 많이 듣지 않았으면 (법도지장 예악지칙)을 바로 세우는 데 역량이 진실로 부족하게 되고 옛 학문을 넓게 공부하지 않았으면 (새로운 법도지장, 예악지칙)을 세우는 데 진실로 역량이 부족하게 되느니라.

非徒貴於多聞비도귀어다문 尤貴於學古也우귀어학고야
聞而知之문이지지 非眞知也비진지야
不學불학 不能知新불능지신

많이 듣는 것이 어찌 귀하지 않으리오.
옛 학문을 공부하는 것이 더욱 귀한 것이니라.
들어서 아는 것은 진실로 아는 것이 아니요, 공부를 하지 않으면 새로운 것을 알지 못하느니라.

我於未作事之前아어미작사지전 多聞天下古今之理다문천하고금지리
去私擇善而信從之거사택선이신종지 以爲表準焉이위표준언
多見天下古今之事다견천하고금지사
或善或惡而兼識之혹선혹악이겸식지 以爲參考焉이위참고언

내가 도수를 짜지 않고 천지공사를 보기 전에 천하고금 지리를 많이 듣고 삿된 것은 버리고 선한 것을 택하여 이를 믿고 표준으로 삼았으며 천하고금 지사를 많이 살펴보고 혹은 선하고 혹은 악한 것을 겸하여 알아 이를 참고하였느니라.

夫多聞見則부다문견즉 耳目之知益廣이목지지익광
精擇識則정택식즉 心志之知益明심지지지익명
雖未能實知其理수미능실지기리 亦可以爲知之次矣역가이위지지차의

무릇 많이 듣고 많이 본즉 보고 들어 아는 것이 더욱 넓어지며 정밀하게 택하여 살펴본즉 마음의 뜻으로 깨달아 아는 것이 더욱 명확해지는 것이니 비록 그 이치를 진실로 알지는 못한다 하여도 알게 되는 단계에 이르게 되느니라.

徒學而不思도학이불사 其理則罔且昏矣기리즉망차혼의
思者自得也사자자득야 如食必飽耳여식필포이
學而思則知益精학이사즉지익정 思而學則守益固사이학즉수익고
思所以盡至精사소이진지정 學所以致廣大학소이치광대

오직 학문을 하고 생각을 하지 않으면 그 이치가 밝지 못하고 어둡게 되느니라.
생각하는 것이 스스로 얻는 것이며 음식을 먹으면 반드시 배가 부르게 되는 것과 같으니라.
학문을 하면서 생각을 하면 아는 것이 더욱 정밀해지고 생각을 하면서 학문을 하면 얻은 것이 더욱 확실해지나니 생각하는 것은 지극히 정밀하게 알고자 함이요, 학문을 하는 것은 광대하게 알고자 함이라.

學而思則학이사즉 理益明而不局於粗淺이익명이불국어조천
思而學則사이학즉 理益實而不荒於高虛이익실이불황어고허
非平日積累之功비평일적루지공 無一朝貫通之效무일조관통지효

학문을 하면서 생각을 하면 이치가 더욱 밝아져 세밀하지 못하고 낮은 국면에서 벗어날 수가 있으며 생각을 하면서 학문을 하면 이치가 더욱 건실해져 허망하고 황당한 지경에 빠지지 않게 되나니 평소에 공부를 하여 쌓아놓은 적루지공이 없으면 하루아침에 관통하는 효험은 없느니라.

聖人성인 千言萬語천언만어 使人사인 不失其本心부실기본심
立心於仁입심어인 處事於義처사어의

성인 천 가지 만 가지 언어가 모두 세상 사람들로 하여금 본심을 잃지 않게 하기 위함이니라. 마음을 세워 인(仁)이 되어야 하고 처사는 의(義)가 되어야 하느니라.

有猶卽유유즉 謨慮者也모려자야 有爲卽유위즉 施設者也시설자야
有守卽유수즉 持操者也지조자야
此有德之人차유덕지인 人則念之焉인즉염지언

여유가 있다는 것은 사려 깊게 일을 도모한다는 것이며 위하는 마음이 있다는 것은 베푸는 것을 뜻하며 지키는 것이 있다는 것은 지조를 뜻하는 것이니라.
이와 같은즉 덕이 있는 사람이며 사람이 염원해야 되는 일이니라.

聖人성인 因天地陰陽之道인천지음양지도 立法입법
使人知其寒暑耳사인지기한서이
聖人必先知道성인필선지도 所自來以後敎人소자래이후교인

성인이 천지 음양의 道로 입법하는 것은 세상 사람들로 하여금 춥고 더운 이치를 알게 하기 위함일 뿐이니라.
성인은 반드시 먼저 道를 바르게 이해하고 마음 안에 들어선 후에 가르쳐야 하느니라.

[天地 陰陽之道]는 大道를 뜻하시는 것입니다.
결국은 大道로 법을 세우는 것도 세상 사람들이 음양의 이치를 깨달아 서로 돕고 화합하면서 살아가게 하는 것이 전부라는 말씀이며 반드시 먼저 道를 바르게 이해하고 체가 마음 안에 들어선 후에 가르쳐야 된다는 말씀입니다.

陰陽原於天地음양원어천지 流行事物則유행사물즉 謂之道위지도
修此道而敎人則수차도이교인즉 謂之敎위지교

음양은 천지의 근원이며 사물에 유행하는 것을 이른바 道라고 하느니라.
그 道를 닦아서 사람을 가르치는 것을 교(敎)라 하느니라.

앞 장에서 [귀신의 기운이 굴신하는 덕이 천명의 실리이며 소이 誠이라 한다] 하심과 같이 동(動)과 정(靜) 두 기운이 왕래굴신하는 귀신의 지극한 덕이 유행하여 물에 전해져 음양이 서로 합덕하고 조화가 이루어지는 것을 道라고 하는 것입니다.
마음을 닦아 귀신의 덕을 체득한 후에 가르치는 것이 교(敎)가 되는 것입니다.

有所進則유소진즉 **有所見故**유소견고
高者有可攀之理고자유가반지리 **深者有可入之理**심자유가입지리

나아가면 깨닫는 것도 있는 고로 높다는 것은 가히 잡고 올라가는 이치가 있다는 것이며
깊다 하는 것은 들어가는 이치가 있다는 것이니라.

攀(반)자는 오르기 위하여 무언가를 잡는다는 뜻이며 공부하여 깨달은 것이 곧 **攀**이 되어
그만큼 영적으로 높아지고 깨달은 만큼 심오한 道의 경지에 점점 다가가게 된다는 말씀입
니다.

天地空虛之中천지공허지중 萬物無非氣之死也만물무비기지사야
上古聖賢所謂氣상고성현소위기 此天地間차천지간
公共之氣也공공지기야 曰祖考亦是왈조고역시 公共之氣공공지기

천지 공허 중에 만물이 죽어 생긴 기가 없는 곳이 없느니라.
상고 성현들의 기도 천지간에 공공지기이니라.
말하자면 조고(태호 복희씨) 역시 공공지기이니라.

공공지기라 하심은 누구나 얻어서 쓸 수 있는 기(氣)라는 말씀입니다.

此身在天地之間차신재천지지간 便是理與氣편시이여기
凝聚而生응취이생 天地之間천지지간
事與天地相關사여천지상관 心與天地相通심여천지상통

이 몸이 천지지간에 존재하는 것은 본래 이와 기가 모여 태어나게 되는 것이니라.
천지지간의 일도 천지와 더불어 관계가 있는 것이며 마음 역시 천지와 서로 통하고 있느니라.

聖人之道성인지도 在萬世재만세 功在萬世공재만세
今行聖人之道금행성인지도 今傳聖人之心금전성인지심

성인의 道는 만세토록 존재하고 공도 만세토록 존재하느니라.
지금 성인의 道를 행하면 지금 성인의 마음을 전하는 것이니라.

便是天地事物之氣편시천지사물지기 與理相通여리상통
自祖宗以來자조종이래 一氣相傳일기상전

본래 천지에 있는 사물의 기는 이치와 서로 통하고 있으며 조종(복희씨) 이래 한 기운이 서로 전해져 오고 있느니라.

人物在天地之間인물재천지지간 生生不窮者생생불궁자 理也이야
氣聚而生기취이생 氣散而死者기산이사자 氣也기야
氣聚在此則기취재차즉 理具於此이구어차
今氣算而無矣則금기산이무의즉 理何寓耶이하우야

사람과 만물이 천지지간에 존재하면서 낳고 낳는 것이 끊이지 않게 하는 것은 理이며 기가 모여서 살게 되고 흩어지면 죽게 되는 것은 氣이니라.
氣가 모여 있으면 理가 구비되는 것이며 현재 氣가 흩어져 없다면 理는 어디에 머무를 수가 있겠는가?

物者爲父母之生也물자위부모지생야
殊不知父母之生수부지부모지생 卽天地之生즉천지지생
豈於父母之外기어부모지외 別有天地生乎별유천지생호
正其人倫정기인륜 和順於道德화순어도덕
黙契本源處묵계본원처 理與義合應處이여의합응처

만물은 부모가 태어나게 하는 것이니라.
부모로부터 태어난 것을 모른다 하여도 천지에서 태어나는 것이 부모 외에 다른 생(生)이
있겠는가?
인륜을 바르게 하고 온화한 마음으로 도덕을 행하면 본원처와 묵시적으로 맺어놓은 언약
을 지키는 것이니 이치와 의리가 함께 응하는 곳이니라.

理出乎天이출호천 言順乎天언순호천 此天地言矣차천지언의
言者心之聲언자심지성 行者心之跡행자심지적
言行感應之樞機也언행감응지추기야

이치는 하늘에서 나오고 말이 부드럽고 바른 것도 하늘에서 나오는 것이며 그것은 곧 천
지의 언어이니라.
말은 마음의 소리요 행동은 마음의 자취이니라.
언행이 (하늘과) 감응이 되는 중추이니라.

人以善爲感應則인이선위감응즉 感應同乎天地감응동호천지
故動天地고동천지

사람이 善(선)과 감응이 되면 감응이 곧 천지와 같아지는 것이므로 천지를 움직일 수가 있
느니라.

하늘은 당연히 분별과 가림을 두시는 털끝만 한 사가 없이 만물에게 무한한 은혜를 베푸시는 지극한 善이며 이와 같은 선과 감응이 되면 결국은 천지와 마음이 같아지는 것이므로 천지를 움직일 수가 있다고 하신 것입니다.

운수라 하는 것도 뒤에 있는 장에서 [福極(다함이 없는 복)은 人而感而天而應也(사람의 감에 하늘이 응하는 것)]이라 하심과 같이 하늘과 감응이 되어 하늘의 지극한 善을 체득하는 것이 곧 선경의 복록과 수명을 얻는 운수입니다.

불가의 [금강경]에 나오는 [아뇩다라샴막샴보리]라 하는 것도 [무극의 진체]를 뜻하는 것입니다.

부처님이 말세에 이경을 공부하는 공덕은 내가 그동안 지은 공덕과는 무량한 수로도 비교할 수 없을 만큼 크다고 하셨으며 태극을 기동시킬 수 있는 기운이 전해질 수 없게 되어 진멸지경에 이른 말세에 무극의 도덕을 공부하여 체득하는 공덕이 그만큼 크다는 말씀인 것입니다.

이를 공부하여 남에게 업신여김을 받는다면 죄업으로 인하여 악도에 떨어질 운명이라 하여도 죄업이 소멸되고 아뇩다라샴막샴보리를 얻게 된다 하심도 수천 년 동안 웅패의 기운으로부터 지배를 받아온 세상에서 무극의 도덕을 공부하고 체득하고자 하는 도인들이 온갖 환란과 냉소와 조소를 받게 된다 하여도 오히려 이로 인하여 죄업이 소멸되고 [무극의 진체]를 체득할 수 있게 된다는 말씀입니다.

[일체의 상에 머무름이 없이 마음을 내어야 한다] 하심과 같이 무극은 오직 은혜를 베푸시는 지극한 선(善) 자체일 뿐이며 다른 사가 전혀 없는 [무아무상]한 기운입니다.

무극의 도덕 안에서는 천하가 모두 같아질 수 있으므로 후천세상에서 천하가 한 집안처럼 된다 하심도 당연히 하늘의 도덕이 인세에서 실현이 되기 때문입니다.

도인들이 무극의 체를 체득할 수 있으면 동정순환하는 道의 지극한 기운이 자연히 三界에 전해져 인간계뿐만 아니라 신명계까지 겁액으로부터 구하는 三界를 광구하는 데 기여할 수가 있게 되는 것이며 더욱이 신봉어인(神封於人)하여 불가사의한 능력을 가지고 있는 大道를 체득할 수 있어 그 공덕이 헤아릴 수가 없는 것입니다.

부처님이 말세에 이경을 수지독송하는 공덕을 모두 말을 한다면 마음이 광란(狂亂)하여 의심하고 믿지 못한다고 하심도 이 때문입니다.

詩之作也시지작야 本言志而已본언지이이
方其詩也방기시야 及其歌也급기가야
未有歌也미유가야 未有樂也미유낙야
樂乃爲詩而作낙내위시이작 非詩爲樂而作也비시위낙이작야
詩出乎志者也시출호지자야 樂出乎詩者也낙출호시자야
詩者本也시자본야 樂者末也낙자말야

시를 짓는 것은 본래 말로 뜻을 전하는 것이니라.
시를 읊으면 가락이 있게 되고 가락이 없으면 즐거움도 없느니라.
풍류는 시를 짓기 위함이며 풍류를 짓기 위하여 시가 있는 것이 아니니라.
시는 뜻에서 나오는 것이며 풍류는 시에서 나오는 것이니 시가 본(本)이요 풍류는 말(末)이니라.

協其音反復而협기음반복이 致其意치기의
諷詠之間풍영지간 怳然而悟황연이오 悠然而得유연이득
忘其傾斜偏小之念망기경사편소지념
達其公平廣大之意달기공평광대지의

음을 섞어서 반복하면 그 뜻에 이르게 되니 시를 풍영하는 중에 황연하게 깨달아 유연한
마음을 얻어 기울고 편소한 마음을 버리고 공평하고 광대한 뜻에 이르게 되느니라.

詩之體시지체 使人諷詠而正사인풍영이정 其性情者也기성정자야
斯理也사리야 成之在人則성지재인즉 爲生成者性위생성자성
人心存乎此理인심존호차리 乃道義之門내도의지문

시의 체는 시를 풍영함으로써 그 성정을 바르게 하는 것이니라.
이와 같은 이치가 사람에게 있으면 생성하는 것은 性이요, 인심에 그와 같은 이치가 있으
면 곧 도의의 문이 되리라.

禮樂敎化曰예악교화왈 號令也호령야
但能使民行乎其中단능사민행호기중
不能使民洞曉其理불능사민동효기리
非不慾使民曉之也비불욕사민효지야 勢有所不能세유소불능
故百姓日用而不知也고백성일용이부지야

예악교화를 호령이라 하느니라.
단 백성들로 하여금 행하게 할 수는 있지만 이치를 깨닫게 할 수는 없으며 백성들이 깨닫
고자 하는 의욕이 없어서가 아니라 가지고 있는 능력이 부족하기 때문이니라.
고로 백성들은 매일 사용하고 있어도 뜻은 모르고 있느니라.

致禮以治身치례이치신 致樂以治心치락이치심
學子誠能以壯敬학자성능이장경 治其身치기신
和樂養其心화락양기심 則禮樂之本得之矣즉예악지본득지의

예를 다하여 몸을 다스리고 화락으로 마음을 다스리라.
학자가 성을 다하여 장경으로 몸을 다스리고 화락으로 그 마음을 기르면 곧 예악의 근본
을 얻었다 할 수 있으리라.

壯敬(장경)은 공손하면서도 비굴하지 않고 기상이 있는 것을 뜻하는 것이며 和樂(화락)은
화목하고 즐겁다는 뜻입니다.

詩自性中而有出시자성중이유출 非吾心之外物비오심지외물
天高地下천고지하 合同而化합동이화
天地之間천지지간 自然禮樂자연예악

시는 자신의 성에서 나오는 것이며 내 마음의 밖에 있는 것이 아니니라.
하늘은 높고 땅은 낮은 것이 합하여 같아지면 천지지간에 자연히 예악이 있게 되리라.

禮以節人예이절인 樂以和人악이화인 書典以道事서전이도사
詩典以達意시전이달의 春秋以道義춘추이도의 周易以神化주역이신화
天道恢恢천도회회 豈不大哉기부대재
談笑微中담소미중 足以解紛족이해분

예는 바른 사람이 되게 하고 악은 화목한 사람이 되게 하며 서전은 道의 일이며 시전은 道의 뜻에 통달한 것이고 춘추는 道의 옳고 그름을 밝힌 것이며 주역은 신명의 용사를 밝힌 것이니라.
천도는 넓고 넓으니 어찌 크지 않으리오.
조용히 담소하는 중에 족히 얽기고 설킨 척이 풀리리라.

處世柔爲貴처세유위기 剛强是禍基강강시화기
發言常慾訥발언상욕눌 臨事當如痴임사당여치
急地常思緩급지상사완 安時不忘危안시불망위
一生從此計일생종차계 眞個好男兒진개호남아

처세하는 데 부드러운 것을 귀하게 여겨야 되며 강한 것은 곧 화를 자초하는 근본이 되느니라.

말을 할 때는 항상 더듬기를 바라고 일에 임하여서는 응당 어리석게 하여야 하며 급할 때는 항상 여유 있을 때를 생각하여야 하고 편안할 때는 위급할 때를 잊지 말고 일생 동안 이를 따르면 진실로 호남아이니라.

金玉瓊房視逆旅금옥경방시역려 石門苔壁儉爲師석문태벽검위사

금과 구슬 옥으로 장식되어 있는 방은 나그네의 눈을 거스르게 하며 석문에 이끼 낀 벽이 검소함의 스승(모범)이니라.

絲桐焦尾사동초미 誰能解수능해 竹管絃心自不離죽관현심자불이

사동과 초미를 누가 능히 풀 수 있으리오.
피리 부는 마음이나 거문고 타는 마음이 다르지 않느니라.

사동금과 초미금은 같은 거문고이며 곧 무극 태극, 理와 氣, 또는 靈源出(영원출)의 枇(비)와 杷(파)가 둘이면서 근본은 하나에서 비롯된 둘이며 이를 바르게 이해할 수 있어야 된다는 말씀입니다.

중화경 주해

觥落曉星霜可履포락효성상가리 **土牆春柳日常隨**토장춘류일상수

별똥이 떨어지는 새벽에 별을 보면서 서리를 가히 밟아라.
흙담에 있는 봄버들은 항상 해를 따르느니라.

수도를 하면서 고생을 참고 견디면 每事不待(매사불대) 自然來(자연래)라 하심과 같이 운수
는 자연히 오게 된다는 뜻입니다.

革援甕畢有何益혁원옹필유하익 **木耟耕牛宜養頤**목거경우의양이

가죽옷을 두르고 옹기를 굽는 것이 무엇이 유익하리오.
나무쟁기를 소에 걸어 밭을 가는 것이 마땅히 마음을 닦는 일이 되리라.
편하게 수도하는 것보다 힘들게 수도를 하여야 마음 닦는 공부도 된다는 말씀입니다.

篤於道者독어도자 **忘於物**망어물 **勤於物者**근어물자 **害於道**해어도

道를 돈독히 하고자 하는 사람은 재물을 잊게 되고 재물을 쌓고자 하는 사람은 道를 해치
게 되느니라.

篤於道者독어도자 **心存義理**심존의리
勤於物者근어물자 **心存淫慾**심존음욕

道를 돈독히 하고자 하는 사람은 마음에 의리가 있게 되고 재물을 쌓고자 하는 사람은
마음에 음욕이 있게 되느니라.

耳目口鼻이목구비 聰明道通총명도통
聰屬耳총속이 明屬目명속목 睿智屬心예지속심
審則能思심즉능사 知則能知지즉능지

이목구비 총명도통 총(聰)은 귀에 속하고 명(明)은 눈에 속하고 밝은 지혜는 마음에 속하느
니라.
(세상을) 살펴보면 능히 생각하게 되고 (병세를) 알고자 하면 능히 알게 되느니라.

心者심자 魂魄之合혼백지합
思屬動魂사속동혼 知屬靜魄지속정백
魂能知來혼능지래 有所未知則유소미지즉 思索而知之사색이지지
陽之盡也양지진야
魄能藏在백능장재 其已知則기이지즉 存而記之존이기지
陰之盡也음지진야
一陰一陽일음일양 相爲配對상위배대

마음은 혼과 백이 합한 것이니라.
생각은 움직이는 혼에 속하고 아는 것은 고요한 백에 속하느니라.
혼은 능히 앎을 가지고 올 수 있으며 알지 못한즉 사색을 하여 알게 되며 양(陽)으로써 할
일을 다하는 것이니라.
백은 능히 감추고 있을 수 있으며 이미 알고 있는 것을 기억하고 있을 뿐으로 음(陰)으로써
할 일을 다하는 것이니라.
일음 일양은 서로 짝이면서 대립을 하느니라.

天理人慾천리인욕 不能兩立故불능양입고 學者深戒之학자심계지

천리와 인욕은 같이 존립할 수가 없으므로 학자는 심히 경계하여야 하느니라.

學貴於自得학귀어자득 黙而識之묵이식지 非吾意所及也비오의소급야
不視不聞之中부시불문지중 自得於心而不忘也자득어심이불망야

학문은 스스로 얻은 것이 귀한 것이니라.
나도 모르게 알게 된 것은 내 뜻이 전해져 알게 된 것이 아니요, 보고 듣지 않는 중에 스스로 마음으로 얻게 된 것이 잊히지 않느니라.

吾心之誠오심지성 感格於神明之際감격어신명지제
人無言語勸之也인무언어권지야 人皆自化移動인개자화이동

내 마음의 성이 신명계에 닿아 감격을 시키면 사람들에게 말로 권하지 않아도 모두 스스로 움직이게 되리라.

寂然不動之時初적연부동지시초 不能如人之有思불능여인지유사
亦不能如人之有爲역불능여인지유위 皆純乎天개순호천

적막한 가운데 움직임이 없는 초에는 사람이 아무런 생각이 없는 것처럼 되고 또한 아무런 욕구도 없는 것처럼 되어 모두 하늘처럼 순수해지느니라.

及其動時급기동시 而其受命也이기수명야 如響應여향응
無有遠近幽深무유원근유심 逐知來事物축지래사물
則感而遂通天下之故즉감이수통천하지고 皆同乎天개동호천

그 움직임이 이르렀을 때는 명을 받게 되어 (자신에게만 들리는 뇌성벽력이 천지에 진동하는) 향응이 있게 되며 (향응 후에 비로소 도통의 문이 열려) 멀고 가깝고 그윽하고 깊은 곳이 없어지고 하나하나 사물에 대한 앎이 찾아오게 되느니라.
즉 감(感)이 비로소 천하와 통하게 되는 고로 모두 하늘과 같아지느니라.

상제님께서 [상재는 七일이요, 중재는 十四일이요, 하재는 二十一이면 각기 성도하리라] 하심과 같이 앞으로 道에 통할 때 이와 같이 된다는 말씀입니다.

병인년(1926년)에 한 신도가 도술에 통하기를 간절히 소원하므로 옥황상제님께서 [너에게 육정신을 응기시키리니 감내하겠느냐] 하시고 다짐을 받으시고 글을 쓰셔서 소화하시니 뇌성벽력이 대작하여 천지가 진동하니 그 신도가 황겁하여 정신을 차리지 못하고 허둥거리자 [도술에 통하는 것이 어려운 것이 아니라 안심 안신하기가 어려우니라] 말씀하셨습니다.
먼저 [안심 안신을 이루어야 향응이 와도 동요되지 않고 안정을 이루어 道에 통할 수 있게 된다는 말씀입니다.

중화경 주해

變化言功변화언공 鬼神言用귀신언용
鬼神只是氣而已귀신지시기이이
數亦只是氣而已수역지시기이이 氣之靈曰神기지령왈신

변화는 공을 말하는 것이며 귀신은 용을 말하는 것이고 귀신은 다만 기일 뿐이며 수 역시
기일 뿐이니라.
기가 영묘한 것이 곧 신이니라.

變化之道변화지도 數法是也수법시야 變化鬼神변화귀신
只是氣而已지시기이이 天地之數五十五천지지수오십오
變化鬼神변화귀신 不越乎其間불월호기간

변화의 道가 곧 수법이며 변화 귀신도 다만 기일 뿐이니라.
천지의 수가 곧 55이며 변화 귀신은 그 수를 벗어날 수가 없느니라.

萬物莫逃乎數만물막도호수 七八 九六 各爲十五각위십오
陰陽進退음양진퇴 互藏其宅호장기택
進則爲變진즉위변 退則爲化퇴즉위화

만물은 수에서 도망칠 수 없느니라.
78 96은 각기 15이며 음과 양이 나아가고 물러가는 것도 그 집 곧 15수 안에서 번갈아 들
면서 진퇴를 하는 것이며 나아가면 변하고 물러가면 화하게 되느니라.

鬼神往來屈伸귀신왕래굴신 皆進退之妙用處也개진퇴지묘용처야
天地之間천지지간 動靜循環而已동정순환이이 更無餘事갱무여사

귀신의 왕래굴신이 모두 진퇴의 묘용처이니라.
천지지간에 동정순환을 할 뿐이며 그 외에 다른 일을 하는 것이 아니니라.

道의 체는 항시 한 번은 동하는 기운을, 한 번은 정하는 기운을 온 천지에 두루 전할 뿐이라는 말씀입니다.

其循環動靜之理기순환동정지리
所謂소위 太極태극 兩儀양의 四象사상 八卦팔괘
自三百八十四爻자삼백팔십사효 總爲六十四卦총위육십사괘
自六十四卦자육십사괘 總爲八卦총위팔괘
自八卦자팔괘 總爲四象총위사상 自四象자사상 總爲兩儀총위양의
自兩儀자양의 總爲太極총위태극
無極太極무극태극 謨得有功處모득유공처

그 순환동정하는 이치가 말하자면 태극 양의 사상 팔괘이니라.
384효를 총위하면 64괘가 되고 64괘를 총위하면 8괘가 되며 8괘를 총위하면 사상이 되고 사상을 총위하면 양의가 되고 양의를 총위하면 태극이 되느니라.
무극 태극은 도모하여 (수많은 결실을) 얻는 유공처이니라.

太極所以爲太極태극소이위태극 却不離乎각불리호
兩儀양의 四象사상 八卦팔괘

태극이 소이 태극이 되는 것은 각기 양의 사상 팔괘와 떨어질 수 없기 때문이니라.

양의 사상 팔괘에 다시 태극이 들어서게 된다는 말씀입니다.

太極動而生陽태극동이생양 太極靜而生陰태극정이생음
動時便是陽太極동시편시양태극 靜時便是陰太極정시편시음태극

태극이 동하여 양이 생겨나고 태극이 정하여 음이 생겨나게 되며 태극이 동할 때는 본시 양태극이 되고 정할 때는 본시 음태극이 되는 것이니라.

蓋太極在陰陽之中개태극재음양지중 太極是生兩儀태극시생양의
則先從實理處즉선종실리처 其生則俱生기생즉구생
太極依舊在陰陽之中태극의구재음양지중 其理則一기리즉일

대체로 태극은 음양 중에 있느니라.
태극에서 양의가 생겨나며 곧 먼저 실리처를 따르게 되느니라.
양의가 생겨날 때는 태극도 함께 생겨나며 태극은 예전 모습 그대로 음양 중에 있게 되며 그 이치는 같은 것이니라.

태극은 억겁의 세월이 지난다 하여도 동정순환을 그치지 않는 기운이며 실리(實理)라 하심은 낳고 낳는 이치로 번성하는 기운을 가지고 있다는 말씀입니다.

其次第기차제 須有實理수유실리 始有陰陽也시유음양야
雖然수연 事物觀之則사물관지즉 陰陽函太極음양함태극
推其本則추기본즉 太極生陰陽태극생음양

그다음 순서는 반드시 실리가 있어 음양이 생겨나게 되느니라.
그러나 사물에서 볼 때는 음양이 태극을 품고 있지만 근본적으로는 태극에서 음양이 생겨나는 것이니라.

洪範홍범 肅乂哲謨聖숙예철모성
雨屬水우속수 肅之反爲狂숙지반위광
狂則蕩故광즉탕고 常雨상우

홍범은 정숙하고 지혜롭고 밝으며 세밀하고 성스러운 다섯 가지 기운이 구비되어 있느니라.
비는 水에 속하느니라.
숙(肅)과 상반된 기운은 곧 (경솔하고 무절제한) 광(狂)이며 광즉 방탕하게 되어 항상 비가 오느니라.

나라를 다스리는 군주가 정숙하고 진지한 마음을 잃게 되면 무절제하게 되고 방탕하게 되어 세상도 우중충한 기운이 지배하게 되고 항상 우중충한 날씨가 된다는 말씀입니다.

暘屬火양속화 乂之反爲僭예지반위참
政不治則정불치즉 僭差也참차야
僭則亢故常暘참즉항고상양

햇볕은 火에 속하니라. 예(乂)와 상반된 기운은 (경우에 어긋나는) 참(僭)이며 정치가 바르지 못하여 다스려지지 않는 것이 곧 참차(僭差)이니라.
참즉 (백성들의 원성이) 높게 되므로 항상 햇볕이 내리쬐게 되느니라.

暖屬木난속목 哲之反則猶豫철지반즉유예
不明故猶豫불명고유예 猶豫則解緩유예즉해완
故常暖고상난

따스한 기운은 木에 속하니라.
철(哲)과 상반된 기운은 (결행하지 못하고 미루고 미루는) 유예이니라.
밝지 않으므로 미루게 되고 곧 마음이 해이해지고 풀리므로 항상 미지근한 날씨가 되느니라.

寒屬金한속금 謨之反則不深密모지반즉불심밀
而急躁이급조 急則縮栗급즉축율 故常寒고상한

찬 기운은 金에 속하느니라.
모(謨)와 상반된 기운은 (깊지 않고 세밀하지 못한) 불심밀(不深密)이니라.
(세밀하지 못하므로 여유가 없어) 급하고 조급하게 되어 마음이 오그라들고 춥게 되므로 항상
날씨가 차게 되느니라.

요즈음은 긴장하는 마음이 많이 풀려 없어졌지만 예전에 입시 한파가 있었던 것도 모두
긴장하는 마음 때문입니다.

風屬土풍속토 聖之反則閉塞不通성지반즉폐색불통
爲蒙위몽 蒙則昏其心思몽즉혼기심사
無所不入무소불입 以濟四者之惡이제사자지악
故常風고상풍

바람은 土에 속하니라.
성(聖)과 상반된 기운은 (마음이 닫히고 막혀 통하지 못하는) 폐색불통이니라.
그러므로 사리에 어둡게 되고 마음과 생각이 혼미하여 들어오지 못하는 기운이 없어 (방탕하고, 경우가 없으며, 밝지 못하고, 깊고 세밀하지 못한) 네 가지 악이 지배하게 되어 항상 바람이 불게 되느니라.

한의학에서는 풍(風)을 오온 육기 중에서 만병의 우두머리라고 할 정도로 인체에 나쁜 영향을 끼치는 경우가 많다 하며 四者之惡(사자지악)과도 연관이 있다는 말씀입니다.

雨暘暖寒風우양난한풍 行乎歲月日時之中행호세월일시지중
其災祥與人事相應기재상여인사상응
在天有五行재천유오행 在人有五事재인유오사
五行與五事오행여오사 天人合也천인합야

우 양 난 한 풍은 세월 일시 중에 행해지는 것이며 그 재앙과 상서로움이 세상일과 서로 상응하게 되느니라.
하늘에는 오행이 있고 사람에게는 오사가 있으며 오행과 오사는 하늘과 사람이 합한 것이니라.

人者鬼神之會也인자귀신지회야 思屬動魂사속동혼
未知則미지즉 思而索之動사이색지동
心者魂魄之合也심자혼백지합야 知屬靜魄지속정백
已知則이지즉 存而記之靜존이기지정

사람은 귀신의 모임이니라.
생각하는 것은 움직이는 혼에 속하며 알지 못한즉 생각하여 알고자 動(동)하느니라.
마음은 혼과 백이 합한 기운이니라.
아는 것은 고요한 백에 속하며 이미 알고 있는 것을 간직하고 기억하고자 靜(정)하느니라.

결국은 동과 정 두 기운을 구비하고 있다는 말씀이며 道는 한 기운이 한 번은 동하고 한 번은 정하는 것이 아니라 동과 정 두 기운을 구비하고 있어 동이 움직일 때는 양태극이 되고 정이 움직일 때는 음태극이 된다고 하신 것입니다.
만물이 모두 이 작용으로 태어난 것이므로 음이건 양이건 모두 두 기운을 구비하고 있는 것입니다.

遊者止之變유자지지변 亡者存之變망자존지변

움직이는 것은 멈추어 있었던 것이 변한 것이요, 죽은 것은 존재하던 것이 변한 것이니라.

八政者팔정자 人之所以因乎天인지소이인호천

팔정은 사람이 소이 하늘을 본받아 하는 것이니라.

八政은 食(식, 양식) 貨(화, 재물) 祀(사, 제사)
司空(사공, 토지관리) 司徒(사도, 교육관리)
司寇(사구, 도적관리) 賓(빈, 손님접대) 師(사, 군대양성)

五紀者오기자 天之所以示乎人천지소이시호인

오기는 하늘이 소이 사람에게 보여주는 것이니라.

五紀는 世(세) 月(월) 日(일) 星辰(성진) 歷數(역수)

皇極者황극자 君之所以建極也군지소이건극야

황극은 임금이 소이 극을 세우는 것이니라.

三德者삼덕자 治之所以應變也치지소이응변야

삼덕은 다스림에 있어서 소이 응용하고 변하여 쓰는 것이니라.

三德은 正直(정직) 剛極(강극) 柔極(유극)

稽疑者계의자 人而聽於天也인이청어천야

계의는 사람이 하늘의 말씀을 듣는 것이니라.

庶徵者서징자 推天而徵於人也추천이징어인야

서징은 넓은 하늘이 사람에게 징조를 보여주는 것이니라.

福極者복극자 **人而感而天而應也**인이감이천이응야

복극은 사람의 감에 하늘이 응하는 것이니라.

(다함이 없는 복인) 복극이 곧 운수이며 사람이 하늘과 감응이 되어 하늘의 바른 도덕을 체득하는 것이 곧 선경의 복록과 수명을 얻는 운수입니다.

五福曰오복왈 **響所以勸也**향소이권야

오복은 말하자면 향이고 소이 권하는 것이니라.

메아리처럼 자신이 쌓아놓은 공덕이 돌아오는 것이며 하늘이 베풀어주는 것이라는 말씀입니다.

五福은 壽(수, 장수) 富(부, 부귀) 康寧(강령, 건강) 攸好德(유호덕, 덕을 좋아함) 考終命(고종명, 천수를 다함)

六極曰육극왈 **威所以徵也**위소이징야

육극은 위이고 소이 징하는 것이니라.

육극은 하늘이 위엄을 보이는 것이고 징계하는 것이라는 말씀입니다.

六極은 凶短折(흉단절, 흉하게 죽는 것) 疾(질, 병) 憂(우, 우환) 貧(빈, 가난) 惡(악, 마음이 악한 것) 弱(약, 몸이 약한 것)

五事曰오사왈 敬所以誠身也경소이성신야

오사는 공경하는 것이며 소이 몸가짐을 바르게 하는 것이니라.

八政曰팔정왈 農所以厚生也농소이후생야

팔정은 농이고 소이 생활을 후하게 해주는 것이니라.

결국은 백성들이 잘살게 해주는 것이 팔정의 목적이라는 말씀입니다.

五紀曰오기왈 協所以合天也협소이합천야

오기는 협력하는 것이며 소이 하늘과 합하여지는 것이니라.

皇極曰황극왈 建所以立極也건소이입극야

황극은 세우는 것이고 소이 극을 세우는 것이니라.

앞에 있는 장에서 성인의 마음은 絶無毫髮偏倚(절무호발편의)라 하심과 같이 터럭만큼도 편벽
되거나 치우치지 않는 상제님 도덕이 천지의 중앙에 거하여 만물을 조화시키는 것입니다.
사람도 하늘을 본받아 치우치지 않는 中을 치세의 극으로 세워 인류가 사는 지역이 다르
고 민족이 다르다 하여도 같은 식구처럼 여겨 서로 돕게 만드는 것이 황극이고 상제님께서
[황극신 공사]를 보실 때 [세계일가 통일정권] 공사를 보심도 이 때문입니다.

三德曰삼덕왈 乂所以治民也예소이치민야

삼덕은 지혜이며 소이 백성들을 다스리는 것이니라.

稽疑曰계의왈 明所以辯惑也명소이변혹야

계의는 밝게 하는 것이며 소이 의혹을 밝히는 것이니라.

庶徵曰서징왈 念所以省驗也염소이성험야

서징은 생각하는 것이며 소이 조짐을 살펴보는 것이니라.

本之以五行본지이오행 敬之以五事경지이오사 厚之以八政후지이팔정
順之以五紀순지이오기 皇極所以建也황극소이건야

근본은 오행이며 공경하는 것은 오사이고 후하게 하는 것은 팔정이고 순응하는 것은 오기
이며 황극은 소이 세우는 것이니라.

乂之以三德예지이삼덕 明之以稽疑명지이계의
驗之以庶徵험지이서징 徵之以福極징지이복극
皇極所以行也황극소이행야

지혜로운 것이 삼덕이요, 밝게 하는 것은 계의이고 조짐이 나타나는 것이 서징이고 (하늘
이) 내려주는 것이 복극(운수)이니라.
황극은 소이 행하는 것이니라.

一曰五行일왈오행 二曰五事이왈오사 三曰八政삼왈팔정
四曰五紀사왈오기 五曰皇極오왈황극 六曰三德육왈삼덕
七曰稽疑칠왈계의 八曰庶徵팔왈서징 九曰五福六極구왈오복육극
五福六極오복육극 其數共十有一기수공십유일 大衍數대연수

첫 번째는 오행이요 두 번째는 오사이고 세 번째는 팔정이요 네 번째는 오기이고 다섯 번째는 황극이요 여섯 번째는 삼덕이요 일곱 번째는 계의이고 여덟 번째는 서징이고 아홉 번째는 오복육극이니라.
오복육극 그 수를 합하면 십에 하나가 더 있어 대연수이니라.

洪範之法홍범지법 不出於九疇之外불출어구주지외
彝倫之道이륜지도 常在於九疇之中상재어구주지중
彝倫之道이륜지도 舍此而何以哉사차이하이재

홍범의 법은 구주 밖에서 나오는 것이 아니며 떳떳한 윤리의 도는 구주 가운데 항상 존재하고 있느니라.
떳떳한 윤리의 도를 구주를 버리고 어디에서 구할 수 있으리오.

周易不言五行주역불언오행 五行不言用오행불언용
無適而非用也무적이비용야 洪範不言陰陽홍범불언음양
皇極不言數황극불언수 非可以數明也비가이수명야

주역은 오행을 말하지 않았으며 오행을 쓰라고 하지 않았으나 오행을 쓰지 않을 수가 없는 것이며 홍범은 음양을 말하지 않았으며 황극은 수를 말하지 않았으나 어찌 수를 밝히지 않을 수가 있으리오.

天無體천무체 二十八宿爲天體이십팔수위천체
(日月從角起일월종각기 天亦從角起천역종각기)
二十八日이십팔일 周天度數復行주천도수부행

하늘은 체가 없으며 이십팔 수가 천체가 되느니라.
(일월은 각 방에서 일어나고 하늘도 각 방에서 일어나느니라)
이십팔 일 주천도수가 다시 행해지리라.

天無度천무도 日月五星爲天度일월오성위천도
(二十八宿爲經이십팔수위경 日月五星爲緯일월오성위위)
欽若昊天흠약호천 曆像日月星역상일월성
敬授人時경수인시

하늘은 도수가 없으며 일월오성이 하늘의 도수가 되리라.
(이십팔 수는 경이 되고 일월오성은 위가 되니라)
넓은 하늘을 공경하여 따르고 책력을 만들고 일월이 운행하는 법을 관찰하여 삼가 백성들
에게 때를 알려주노라.

曰有道왈유도 道有德도유덕 德有化덕유화 化有育화유육
育有蒼生육유창생 蒼生有億兆창생유억조
億兆有願戴억조유원대 唐堯당요

왈 도가 있으며 도에는 덕이 있고 덕에는 (합덕 조화시키는) 화가 있으며 화는 (자라게 하는) 육이 있고 육에는 창생이 있으며 창생은 억조가 있고 억조 창생들은 고대하는 것이 있으니 당요에게 있느니라.

道者昭著於人倫도자소저어인륜
五行之下오행지하 得其道則득기도즉 有衆休之徵유중휴지징
失其道則실기도즉 有衆咎之徵유중구지징
休咎徵於天휴구징어천 得失在於人득실재어인

도는 인륜에서 밝게 드러나니라.
오행 아래서 도를 얻은즉 여러 상서로운 기운이 내릴 것이요, 도를 잃은즉 여러 흉한 기운이 내릴 것이니 상서로운 기운과 흉한 기운은 하늘에서 내리는 것이며 얻고 잃는 것은 사람에게 달려 있느니라.

개벽시기에 상서로운 기운을 얻어 복을 받는 사람도 있고 흉한 기운을 얻어 벌을 받는 사람도 있는 것이며 모두 자신에게 달려 있다는 말씀입니다.

雨暘暖寒風_{우양난한풍} 行乎歲月日時之中_{행호세월일시지중}
不違時則_{불위시즉} 草木百穀豊茂_{초목백곡풍무}
失其時則_{실기시즉} 草木百穀不實_{초목백곡부실}
其害及於人民_{기해급어인민}

우양난한풍이 세월 일시 중에 행해지게 되며 시기에 어긋나지 않으면 초목 백곡이 풍부해지고 시기에 어긋나면 부실해지는 것이니 그 해가 인민에게 미치게 되리라.

民之麗于土_{민지려우토} 猶星之麗于天_{유성지려우천}
庶民衆多_{서민중다} 如星之衆多之像_{여성지중다지상}
蓋民之安否察於星_{개민지안부찰어성}
星之風雨本於日_{성지풍우본어일} 月之九道本於日_{월지구도본어일}
故庶民惟星_{고서민유성} 繼之以日月之行_{계지이일월지행}

인류가 땅에서 빛나는 것은 별이 하늘에서 빛나는 것과 같으니 서민들이 많은 것은 별이 많은 것과 같으니라.
대개 백성들의 안부를 알기 위하여 별을 살펴본다 하나니 별의 풍우는 해에 근본을 두고 있으며 달의 아홉 가지 道(달 모양을 아홉 가지로 분류하신 것)도 해에 근본을 두고 있으니 서민과 별은 일월의 운행과 연결이 되어 있느니라.

歷數所以推天運之常역수소이추천운지상
庶徵所以驗人事之感서징소이험인사지감
星搖則民勞也성요즉민노야

역수는 소이 넓은 하늘이 운행하는 일정한 법이요, 서징은 소이 조짐이니 인사에서 체감
하게 되느니라.
별이 요동하면 백성들이 힘들게 되느니라.

五星同色오성동색 **天下偃兵**천하언병 **歌舞太平**가무태평
以此觀之이차관지 **庶民之安否**서민지안부
驗之於星험지어성 **是爲信也**시위신야

오성이 색이 같으면 천하의 병사들이 누워서 쉬고 춤추고 노래하는 태평한 세상이 된다
하나니 이를 보건대 백성들의 안부를 알기 위하여 별의 조짐을 살펴본다는 말을 믿을 수
있느니라.

聖人心術성인심술 淵源之所寓연원지소우
精神流通之所及정신유통지소급
豈可以窺哉기가이규재

성인의 심술(심법)을 연원으로 부쳐 보내리니 정신이 유통하여 세상에 전해지게 되리라.
어찌 가히 엿볼 수 있으리오.

눈으로 볼 수는 없다는 말씀입니다.

在天之天재천지천 不可得以見矣불가득이견의
在器之天재기지천 可得以見矣가득이견의

하늘에 있는 하늘은 가히 얻어서 볼 수 없으며 그릇에 있는 하늘은 가히 얻어서 볼 수 있
느니라.

하늘에 있는 상제님 도덕은 얻어서 견성할 수 없지만 연원으로 부쳐진 도덕은 얻어서 견성
할 수 있다는 말씀입니다(靈源出).

形而上者형이상자 爲之道위지도
形而下者형이하자 爲之器위지기
形而上者是理형이상자시리 形而下者是物형이하자시물
道非器不形도비기불형 器非道不立기비도불립

형이상자는 소위 道이며 형이하자는 소위 그릇이고 형이상자는 理이며 형이하자는 물(物)
이니라.
도가 있어도 그릇이 없으면 나타낼 수가 없고 그릇이 있어도 도가 없으면 존립할 수 없느
니라.

道不離器도불리기 **器不離道**기불리도
蓋陰陽亦器也개음양역기야
理與器未嘗離也이여기미상리야

道는 그릇과 떨어질 수가 없으며 그릇도 道와 떨어질 수 없느니라.
대개 음양도 역시 그릇이니라.
이(理)와 그릇은 본래 떨어질 수가 없느니라.

蓋人身亦器也개인신역기야 **言語動靜**언어동정
便是人之理편시인지리 **理在器上**이재기상
(**器亦道**기역도 **道亦器**도역기) **理在其中**이재기중

대개 사람의 몸도 역시 그릇이며 언어동정이 본래 사람의 이치이니라.
이치가 그릇 위에 있으며 (그릇도 道요, 道도 역시 그릇) 이치가 그 가운데 있느니라.

그릇도 근본적으로는 道의 기운에 의하여 생겨나게 된 것이니 그릇도 역시 道라고 하신 것입니다.

世界有意此山出세계유의차산출 **紀運金天藏物華**기운금천장물화

세계에 뜻이 있어 이 산을 내어놓았으니 (후천) 금세상을 운영할 벼리를 하늘이 아름다운 자연 경관 속에 감추어두었느니라.

易與天地準故_{역여천지준고} 能彌綸天地之道_{능미륜천지지도}
彌有終竟聯合之意_{미유종경연합지의} 彌則合萬爲一_{미즉합만위일}

역은 천지의 준칙과 같으므로 능히 미륵의 벼리가 천지의 道가 될 수 있느니라.
미륵은 사방 전체를 연합시키는 뜻이 있으며 미가 곧 만 가지를 합처 하나가 되게 하는 것
이니라.

易曰_{역왈} 井道_{정도} 不可不革故_{불가불혁고}
受之以革_{수지이혁}
革物_{혁물} 莫若鼎故_{막약정고} 受之以鼎_{수지이정}
主器者_{주기자} 莫若長子_{막약장자} 受之以震_{수지이진}
革去舊_{혁거구} 鼎取新_{정취신}

역에서 말하기를 정(井)도는 개혁을 할 수밖에 없으므로 혁(革)을 취하고 개혁을 하는 것은
솥만 한 것이 없으므로 정(鼎)을 취하고 주기자는 장자만 한 사람이 없으므로 진(震)을 취
하나니 개혁을 하여 옛것은 물러가게 하고 솥은 새로운 것을 취하느니라.

옥황상제님께서 내 도인 네 도인 내 방면 네 방면으로 구별을 짓고 사당을 만들어 도랑을
치는 폐단을 지적하시고 삼망 오기(三忘 五忌)를 근본으로 혁신하는 도수를 보시고 [주역
에 井道는 不可不革이요 革物者는 莫若鼎이라 하고 革은 去故也 鼎은 取新이라 하였으니
이는 나의 일임을 너희들이 깨달아야 하느니라] 말씀하심도 서로 편을 갈라 온갖 상극을
벌이던 선천의 그릇된 기운을 물러가게 하시고 [세계일가]를 이루시고자 하시는 것이 상제
님 공사라는 말씀입니다.
당연히 우리 쪽이니 남의 쪽이니 하여 편을 가르던 선천의 그릇된 인습을 반드시 버릴 수
있어야 새 세상을 맞이할 수가 있는 것입니다.

彌勒佛미륵불 **立於鼎上**입어정상 　　　　　　　　　　　　**(隱)**(은)

미륵불이 솥 위에 세워져 있느니라.

옥황상제님께서 50년 고행으로 [세계일가]를 이루게 할 수 있는 미륵의 道가 펼쳐질 수 있게 되는 것을 뜻하시는 것입니다.

隱은 '감추다, 숨기다'라는 뜻이므로 은유적으로 표현하심을 뜻하시는 것입니다.

佛之形體불지형체 **仙之造化**선지조화 **儒之凡節**유지범절
九年洪水구년홍수 **七年大旱**칠년대한
千秋萬歲歲盡천추만세세진 **佛仙儒**불선유 　　　　　　**(現)**(현)

불은 형체가 되고 선은 조화가 되며 유는 범절이 되고 구 년 홍수 칠 년 대한 후에 천추만세세를 다하게 되리라.
불 선 유

現은 '나타나다'라는 뜻이므로 현실에서 실현이 되는 도수를 뜻하시는 것입니다.

萬國活計만국활계 **南朝鮮**남조선
淸風明月청풍명월 **金山寺**금산사 　　　　　　　　　　**(隱)**(은)

만국을 살릴 수 있는 계획이 남조선에 있으며 청풍명월이 금산사에서 시작되느니라.

선경의 새로운 도덕이 금산사에서 시작이 되는 것을 뜻하시는 것입니다.
당연히 김제에 있는 금산사가 아니므로 隱이라 하신 것입니다.

心靈神臺심령신대 享員향원 南無阿彌陀佛남무아미타불　　　　　**(現)**(현)

심령신대를 이룬 도인들이 대강식으로 소원 성취할 때를 뜻하신 것입니다.

天爲父천위부 地爲母지위모
母岳山모악산 金山寺금산사 卽履德之基也즉이덕지기야　　　　**(隱)**(은)

하늘은 아버지가 되고 땅은 어머니가 되며 모악산 금산사가 곧 덕을 펴는 기지가 되리라.

상제님 도덕을 세상에 펼치는 기지가 된다는 말씀이며 모악산에 있는 금산사가 아니므로 隱이라 하신 것입니다.

基地不修기지불수 慈善何立자선하립　　　　　　　　**(現)**(현)

기지를 수리하지 않고 어찌 자선이 세워질 수 있으리오.

새로운 도덕이 시작되기 위해서는 먼저 선천의 상극운이 물러가야 하므로 기지를 수리하여야 한다고 하신 것입니다.

三層殿삼층전 鎭撫東洋三國之佛진무동양삼국지불　　　　**(隱)**(은)

삼층전은 창생들을 구원해주는 동양삼국의 불을 뜻하느니라.

火風鼎器화풍정기 藏於世장어세 待時而用대시이용
則何不利乎즉하불리호　　　　　　　　　　　　**(現)**(현)

(개혁을 하는) 화풍정기를 세상에 감추어두었다가 때가 되면 내어 쓰리니 어찌 이롭지 않으리오.

佛有自然之像불유자연지상 則有自然之理즉유자연지리
常人見其像상인견기상 昧其理매기리
聖人見其像성인견기상 知其理지기리
使人成立道器사인성립도기 以利天下之衆生이이천하지중생
微哉微哉미재미재

불에는 자연의 상이 있으며 즉 자연의 이치가 있느니라.
상인은 그 상을 보고 이치를 모르지만 성인은 그 상을 보고 이치를 알아 사람들로 하여금
도기를 이루게 하여 천하 중생들을 이롭게 하리니 예쁘고 예쁜 일이로다.

道在而不可見도재이불가견
事在而不可聞사재이불가문
勝在而不可知승재이불가지

道가 있어도 가히 보기가 어렵고 [道가 있어도 얻어 견성하기가 어렵다는 말씀입니다.]
일이 있어도 가히 듣기가 어렵고 [道의 진리를 전하는 곳이 있어도 듣기가 어렵다는 말씀
입니다.]
승리하는 곳이 있어도 가히 알기가 어려우니라.
[성공하는 곳이 있어도 알기가 어렵다는 말씀입니다.]

病勢병세
大仁大義無病대인대의무병 大病出於無道대병출어무도
小病出於無道소병출어무도
得其有道득기유도 則大病勿藥自效즉대병물약자효
小病勿藥自效소병물약자효

병세 대인 대의는 무병이니라.
대병도 무도에서 비롯되고 소병도 무도에서 비롯되니 그것을 얻으면 道가 있게 되고 대병도 자연히 낫게 되고 소병도 자연히 낫게 되리라.

[지기금지 사월래]라 하심과 같이 [복록 성경신 수명 성경신 지기금지 원위대강] 할 때 기운을 얻으면 대병과 소병이 자연히 낫게 된다는 말씀입니다.

[성서]에 하느님이 말씀하시기를 [내가 말세에 모든 육체에 내 영을 부어주리니…]라는 말씀이 있다 하듯이 [무극의 체]인 상제님 靈이 인류에게 전해지는 것이 [무극대운]입니다. [천명지성]의 체를 전해주시는 것이며 이를 얻는 것이 [운수]이고 의통(醫統)이며 의통을 얻어 이와 통하는 것이 道에 통하는 것입니다.

忘其君無道망기군무도 忘其父無道망기부무도 忘其師無道망기사무도

임금이 임금 됨을 잊은 것이 무도요, 아비가 아비 됨을 잊은 것이 무도요, 스승이 스승 됨을 잊은 것이 무도이니라.

벼리가 되는 임금이나 아비나 스승이 백성들이나 자녀들이나 제자들이 하늘이 부여한 본마음을 잃지 않도록 하여 인간의 바른 도리를 행하도록 선도하는 것이 가장 큰 의무인데도 이를 까마득하게 잊은 것이 무도란 말씀입니다.

天下紛紜천하분운 自作死當자작사당
以不安이불안 聖上之心성상지심
以不安이불안 聖父之心성부지심
以不安이불안 敎師之心교사지심

천하가 어지러워져 스스로 죽는 당을 만드니 성상의 마음도 불안하고 성부의 마음도 불안하며 교사의 마음도 불안하느니라.

世無忠세무충 世無孝세무효 世無烈세무열
是故天下皆病시고천하개병 有天下之病者유천하지병자
用天下之藥용천하지약 厥病乃愈궐병내유

세상에는 충도 없고 효도 없으며 열도 없으니 천하가 모두 병이 들었느니라.
천하의 병자에게 천하의 약을 쓰면 병은 곧 낫게 되리라.

누누이 언급하는 내용이지만 충 효 열이라 하심이 誠을 두고 하신 말씀입니다.
자연히 물에 전해져 상대에게서도 道가 행해지도록 만든다는 誠 곧 [물기운]이 온 세상에서 고갈이 되어 음양을 조화시키는 기운이 인간 사물에 전해질 수 없게 되어 모두 병이 들게 되었다는 말씀입니다.
불가의 불보살이 손에 물병을 들고 있는 것도 당연히 물기운이 천하지약(天下之藥)이기 때문입니다.

상극이 지배하여 서로 적대시하는 기운이 가득한 세상에서 우리 쪽이건 남의 쪽이건 분별을 두시는 사가 전혀 없이 은혜를 베푸실 수 있어 음양 두 기운을 태극의 원리로 합덕 조화를 시킬 수 있는 [道의 체]가 어찌 세상에서 존립할 수가 있겠으며 온 세상에서 고갈이 될 수밖에 없었던 것이 웅패가 지배한 선천의 그릇된 운인 것입니다.

중화경 주해

宮商角徵羽궁상각치우 聖人乃作성인내작
先天下之職선천하지직 先天下之業선천하지업
職者醫也직자의야 業者統也업자통야 醫統의통
不可不불가불 文字戒於人문자계어인

궁상각치우는 성인이 지은 것이며 선천의 천하의 직이고 선천의 천하의 업이니라.
직은 의(醫)요 업은 통(通)이니 곧 의통이니라. 어쩔 수 없이 문자로 계어인하리라.

[궁상각치우]라 하심과 같이 오성을 가지고 있는 性이 의통이라는 말씀입니다.
직(職)은 맡았다는 뜻으로 창생들을 대병으로부터 구하는 임무를 맡았으므로 의(醫)라 하
시고 업(業)은 가지고 있는 재능을 뜻하시며 24가지 약기운을 가지고 있으므로 통(統)이라
하신 것입니다.

孔子魯之大司寇공자노지대사구
孟子善設齊梁之君맹자선설제량지군
東有大聖人曰東學동유대성인왈동학
西有大聖人曰西學서유대성인왈서학
都是敎民化民도시교민화민

공자는 노나라의 대사구가 되었으며 맹자는 제나라 양나라 임금에게 성선설을 전하였으
며 동쪽에 있는 대성인을 동학이라 하고 서쪽에 있는 대성인을 서학이라 하나니 모두 백
성들을 가르치고 교화하였느니라.

장차 도인들도 세상 사람들을 가르치고 교화하여야 된다는 말씀입니다.

元亨利貞원형이정 **奉天地道術藥局**봉천지도술약국
在全州銅谷재전주동곡 **生死判斷**생사판단

(무극신 大도덕인) 원형이정을 받드는 천지 도술약국이 전주 동곡에 있으며 여기서 생사판단을 하느니라.

天地生氣천지생기 **始於東方**시어동방 **日本出於東**일본출어동

천지를 살릴 수 있는 기운이 동방에서 시작이 되며 일본이 동쪽에서 출발한다.

천지를 살릴 수 있는 기운이라 하심이 곧 大道를 두고 하신 말씀입니다.
일본이 동쪽에서 천명을 받들게 되고 이때 大道가 출현하게 된다는 말씀이며 앞에 있는 장에서 [음양지도덕(陰陽之道德), 천지음양지도(天地陰陽之道)]라 하심도 모두 동방에서 출현한 大道를 뜻하시는 것입니다.

益者三友익자삼우 **損者三友**손자삼우
其瑞在東기서재동 **言廳神計用**언청신계용

유익한 세 벗 해로운 세 벗 그 상서로운 기운이 동쪽에 있다.
신명이 말을 듣고 계획을 세우고 실행하느니라.

天地人神천지인신 **有巢文**유소문
天門천문 **陰陽**음양 **政事**정사

하늘과 땅, 사람과 신명이 머무르는 (새로운) 보금자리가 있는 문이며 천문 음양 정사가 있느니라.

현무경의 물형부를 두고 하신 말씀이며 상제님께서 물형부에 천문 음양 정사의 오묘한 이치를 감추어두셨다고 하셨습니다.

政莫大於文武정막대어문무 **文武之政**문무지정 **布在方策**포재방책

정사는 문무만큼 큰 것이 없으며 문무로 정사를 하는 것이 덕을 펴는 방책이니라.

상제님 도덕이 펼쳐질 때 이를 해치려는 세력도 있으므로 文武之政이 덕을 펴는 방책이라 하신 것입니다.

人道主於有爲인도주어유위 **最爲敏政**최위민정
地道主於發生지도주어발생 **最爲敏樹**최위민수

사람의 도는 유위가 주가 되므로 정사에 최고로 힘쓰게 되고 땅의 도는 생명을 내는 것이 주가 되므로 수목에 최고로 힘을 쓰게 되느니라.

사람이 인위적으로 하고자 하는 것을 유위(有爲)라 하고 무극 태극의 진리에 의하여 자연히 이루어지는 것은 무위(無爲)라고 합니다.

文武之擧息문무지거식 **在於人**재어인
人有之於政인유지어정 **尙法文武之政**상법문무지정
政者以正정자이정 **不正之人**부정지인

(道의 진리를 가르치고 전하는) 文을 쓰기도 하고 (道를 지키기 위하여) 武를 쓰기도 하는 것은 모두 사람에게 달려 있느니라.
사람이 정사에 뜻이 있으면 문무의 정사를 숭상하느니라.
정사는 바르지 못한 사람을 바르게 하는 것이니라.

近日근일 日本일본 文神武神문신무신 幷務道通병무도통

근일에 일본 문신 무신들이 함께 도통에 힘을 쓰고 있느니라.

巳亥天地之門戶사해천지지문호 七星天之樞機칠성천지추기
斗柄두병 星辰七星主張성진칠성주장

사해는 천지의 문호이며 칠성은 하늘의 중추이니라.
두병(자루 모양의 세 별)은 뭇 별과 칠성의 주장이니라.

七星經칠성경 爲政以德위정이덕 譬如비여
北辰所居북진소거 衆星拱之중성공지
所居至靜소거지정 能制動능제동
所務至寡소무지과 能復衆능복중

칠성의 법이 정사를 보는 덕을 비유하면 이와 같으니라.
북쪽 별로 거하면서 뭇 별들이 정중히 받들며 지극히 조용히 거하면서도 능히 제동하고
지극히 홀로 업무를 보면서도 능히 복종시킬 수 있느니라.

德者本덕자본 財者末재자말
德行於道덕행어도 道得於心도득어심 則有日新之功즉유일신지공
所行昭著소행소저 萬古明鑑만고명감

덕은 본이요 재물은 말이니라.
덕을 베풀어 道를 행하면 마음에 道를 얻을 수 있으며 道를 얻으면 나날이 새롭게 발전하
는 공이 있느니라.
이를 행하면 밝게 드러나 만고 명감이 되리라.

佛日出時불일출시 降法雨露강법우로
世間眼目세간안목 今茲始開금자시개
有緣者유연자 皆悉聞知개실문지
好道遷佛호도천불 佛成人事불성인사

날이 되어 불이 출시할 때는 강법이 우로와 같이 내리리니 세상 사람들의 안목이 이때가
되어서야 비로소 열리게 되리라.
인연 있는 사람들은 모두 듣고 알게 되리니 道를 좋아하는 사람들에게 불이 옮겨져 인간
지사에서 불이 이루어지게 되리라.

佛이라 하심은 상제님 도덕인 靈을 뜻하시는 것입니다.
상제님께서 [명부의 착란으로 온 세상이 착란하였도다] 하심이 [상극지리]라 표현하신 웅
패의 기운이 선천운을 주도하여 천하 사람들이 모두 道의 진리와 상반된 상극된 관념을
갖게 된 것을 두고 하신 말씀입니다.

[안목이 열린다] 하심도 선천세상 내내 상극운 속에서 살아와 [무극시태극]의 진리와 상반
된 선천기운이 몸과 마음에 깊이 배어 있던 사람들이 道의 바른 진리에 눈을 뜨게 되는
것을 뜻하시기도 하고 상제님 공사의 실체를 바르게 이해하게 되는 것을 뜻하시기도 한 것
입니다.
호도천불(好道遷佛)이라 하심은 호도구령(好道求靈)이라 하듯이 상제님 도덕을 진심으로 좋
아하고 구하고자 하는 사람들에게 靈이 옮겨져 상제님 도덕이 인간지사에서 실현이 된다
는 말씀입니다.

千里湖程孤棹遠천리호정고도원 萬方春氣一筐圓만방춘기일광원

천 리의 호수 길을 홀로 노 저어 오랫동안 가게 되지만 만방에 춘기가 전해질 때는 한 광주리에 가득하게 되리라.

春氣가 곧 仁이며 [천명지성]인 仁義禮智信을 통틀어 仁이라 하는 것입니다.
첫 장에 相授心法(상수심법) 允執厥中(윤집궐중)으로 시작하시어 萬方春氣 一筐圓으로 마치심이 당연히 中이라는 하늘의 성정이 [상수심법]으로 전해지고 전해져 만방에 전해질 때는 천하가 모두 상제님 도덕 안에서 화(和)하여 [세계일가]가 이루어져 인류가 더 이상 서로 해치는 상극이 없는 좋은 세상이 오게 된다는 말씀입니다.

중화경 주해

3

중화경 주해를 마치며

상제님께서 [내가 평천하를 할 테니 너희는 치천하하라] 하심은 도인들이 인류가 수천 년 동안 상극세상에서 살아오면서 잃어버린 中이라는 [천명지성]을 세상에 펼치라는 말씀이며 [매인 여섯 명씩 포덕하라] 하심도 [상수심법]으로 [평천하]를 이룰 수 있는 상제님 도덕을 여섯 명에게 가르치고 전하라는 말씀입니다.

자신을 중히 여기는 만큼 남도 그와 같이 여길 수 있고 집단 간에도 자기 쪽을 중히 여기는 만큼 남의 쪽도 그와 같이 여길 수 있으므로 中이라 하는 것입니다.

道의 체가 털끝만 한 사가 없이 오직 덕을 베푸는 기운 자체인 一心이므로 치우치지 않을 수가 있는 것이며 一心 안에서는 음양 두 기운이 하나처럼 되어 합덕하고 조화가 이루어지게 되므로 이를 화(和)라고 하는 것입니다.

中和가 곧 [무극시태극]의 진리이고 천하 창생들을 구원할 수 있는 진리이며 나아가서는 三界를 광구할 수 있는 진리임에도 [중화경]이 도인들에게도 많이 알려져 있지 않은 것은 中을 공부하고 체득하는 때가 이르지 못하였기 때문입니다.

선천은 근본적으로 상극이 지배한 세상이며 서로 이기고자 하는 기운 속에서 우리 쪽이건 남의 쪽이건 마음이 치우치지 않아 같이 여겨 부족한 것을 채워주고 덕성을 합하는 [무극시태극]의 진리가 어찌 세상에서 용납될 수 있는 일이며 오히려 배신자가 될 수밖에 없는 운인 것입니다.

당연히 상극이 지배하였다 하신 선천운이 다 되고 새로운 운이 시작되어야 비로소 지역 간, 나라 간에도 분별을 두시는 사가 전혀 없이 은혜를 베푸실 수 있어 인류가 더 이상 서로 적대시하고 해치는 상극이 없게 하시고 상생만 한다는 세상을 이루실 수 있는 상제님 도덕이 온 세상에 전해질 수가 있는 것입니다.

상제님께서 먼저 해원공사를 보심도 三界에 가득 채우고 넘쳤다 하신 원한이 먼저 풀려야 되기 때문이시며 서로 원수처럼 여기고 미워하는 마음이 천지에 가득하다면 어찌 서로 같은 존재로 여겨 도와주게 만드는 하늘의 도덕이 전해질 수가 있겠으며 전파 같은 것도 상반된 전파가 가득하면 통할 수 없듯이 마음도 상반된 마음이 가득하면 통할 수가 없는 것입니다.

道가 왕래굴신하는 것도 사가 전혀 없는 지극히 선(善)인 상제님 도덕이 온 천지에 두루 전해지는 것이며 동(動)할 때는 동하는 기운을 가지고 있는 마음이 전해지고 정(靜)할 때는 정하는 기운을 가지고 있는 마음이 전해지는 것입니다.

천지에 존재하는 모든 것은 근본적으로 동(動)과 정(靜) 두 기운이 합덕하고 조화를 이루어 만상 만유를 이루는 것이며 道가 동할 때는 동하는 기운이 감응을 받고 정할 때는 정하는 기운이 감응을 받아 음양 두 기운이 태극을 이루어 기동하게 되는 것입니다.

상제님께서 [온 누리가 멸망하게 되었도다] 하심도 태극을 기동시킬 수 있는 최고 높은 하늘의 도덕이 三界에 통할 수 없게 되었으므로 하신 말씀입니다.

인심을 아무리 갈고 닦는다 하여도 어찌 터럭만큼도 치우치지 않는다 하신 道의 체(體)가 되어 음양을 조화시켜 태극을 이루게 할 수가 있겠으며 道는 자기 쪽에 치우칠 수밖에 없는 인심을 극복할 수 있어야 비로소 얻을 수 있는 존재입니다.

먼저 선천운을 주도한 응패의 기운으로 하여금 천명을 받들게 하여 후천 선경세상을 열 수 있는 大道를 출현시키는 것이 [구천의 도수]이니 수도하는 사람들도 때가 될 때까지는 [상극지리]라 표현하신 선천기운 속에서 수도할 수밖에 없는 것이며 [이윤의 도수]로 [새로운 기틀]이 열려야 비로소 [평천하]를 이루실 수 있는 상제님 도덕이 전해질 수 있게 되는 것은 당연한 일인 것입니다.

상제님께서 [선천은 상극지리가 인간 사물을 맡았으므로 모든 인사가 도의에 어그러져 원한이 맺히고 쌓여 三界에 넘치매 마침내 살기가 터져 나와 세상의 모든 참혹한 재앙을 일으켰느니라. 그러므로 이제 천지 도수를 정리하고 신도를 조화하여 만고의 원을 풀며 상생의 道로써 후천 선경을 열 조화정부를 세워 무위이화와 불언지교로 화민정세하리라] 하심도 때가 되면 [상극지리라 하신 기운을 거두시고 [조화정부]를 세우시어 선경의 대운을 시작시키신다는 말씀입니다.

상제님께서 [선천의 도정(道政)이 문왕과 무왕에서 그쳤느니라] 하심도 천하가 道에 의하여 [무위이화]로 다스려지는 道의 정사가 문왕 무왕 이후에는 세상에서 없게 되었다는 말씀입니다.

[무위이화와 불언지교]라 하심과 같이 [조화정부]를 세우시어 수천 년 전에 그쳤다 하신 道의 정사를 다시 시작시키시는 것이 상제님 도수이며 [요순의 道가 다시 나타나리라] 하심도 당연히 이를 두고 하신 말씀입니다.

아직도 상극의 기운이 천하 사람들 마음에 깊이 배어 있는 세상에서 상생만 한다는 세상을 이루실 수 있는 상제님 도덕이 전해지기가 어찌 쉬울 수가 있겠으며 당연히 풍파가 없을 수가 없는 것입니다.

상제님께서 [태을주]와 [운장주]를 말씀하심도 장차 도인들이 [평천하]를 이루실 수 있는 상제님 도덕을 펼치는 [치천하]할 때 환란을 피할 수 있도록 [기도문]을 열어주시는 도수가 있기 때문입니다.

도인들이 걸주 풍파가 온다 하여도 이를 이겨내고 온 세상에서 고갈이 된 [道의 체]를 체득하여 온 천지에 순환시켜 진멸지경에 이른 三界를 광구하고 [광구천하], [광제창생]하라는 천명이 부여된 것은 당연한 일이며 교법에 [以人生 不參於天地用人之時 何可日人生乎]라 하심도 이에 참여치 못하면 어찌 사람의 생에 의미가 있겠냐는 뜻이신 것입니다.

더욱이 상제님께서 [장차 천지 녹지사들이 모여들어 선경세상을 건설하리라] 하심과 같이 大道의 기운을 三界에 주류시켜 때가 되면 三界가 모두 선경으로 화하게 하는 [천지 녹지사]가 될 수 있어야 그동안 애써 수도한 것이 헛되지 않을 수 있으며 자신의 소망도 이룰 수 있게 되는 것은 당연한 일인 것입니다.

중화경 주해

4

書傳序文

서 전 서 문

嗚呼 書豈易言哉

二帝三王 治天下之大經大法 皆載此書 而淺見薄識 豈足以盡發蘊奧

且生於數千載之下 而欲講明於數千載之前 亦已難矣

然而 二帝三王之治 本於道 二帝三王之道 本於心

得其心 則道與治 固可得而言矣

何者 精一執中 堯舜禹 相授之心法也 建中建極 商湯周武 相傳之心法也

曰德 曰仁 曰敬 曰誠 言雖殊而理則一 無非所以明 此心之妙也

至於言天則 嚴其心之所自出 言民則 謹其心之所由施 禮樂敎化

心之發也 典章文物 心之著也 家齊國治而天下平 心之推也

心之德 其盛矣乎

二帝三王 存此心者 夏桀商紂 亡此心者 太甲成王 困而存此心者也

存則治 亡則亂 治亂之分 顧其心之存不存 如何耳

後世人主 有志於 二帝三王之治 不可不 求其道

有之於 二帝三王之道 不可不 求其心 求心之要 舍是書 何以哉

沈 自受讀以來 沈潛其意 參考衆說 融會貫通 乃敢折衷 微辭奧旨 多述舊聞

二典禹謨 先生 盖嘗是正 手澤尚新 嗚呼惜哉

集傳 本先生所命故 凡引用師說 不復識別 四代之書 分爲六卷

文以時異 治以道同

聖人之心 見於書 猶化工之妙 著於物 非精深 不能識也

是傳也 於堯舜禹湯文武周公之心 雖未必能造其微

於堯舜禹湯文武周公之書 因是訓詁 亦可得其指意之 大略矣

5

書傳序文 註解

서 전 서 문 　 주 해

嗚呼 書豈易言哉
오 호 서 기 이 언 재

오호라 서경을 어찌 쉽게 말할 수 있으리오.

二帝三王 治天下之大經大法 皆載此書 而淺見薄識
이 제 삼 왕 치 천 하 지 대 경 대 법 개 재 차 서 이 천 견 박 식
豈足以盡發蘊奧
기 족 이 진 발 온 오

이제 삼왕(요, 순, 우, 탕, 문왕과 무왕)의 천하를 다스리는 대경대법이 모두 이 서경에 실려 있
으되 낮은 식견과 엷은 지식으로 어찌 내재되어 있는 심오한 이치를 족히 다 밝힐 수가 있
겠으며
※ 蘊奧(쌓을 온, 깊을 오): 학문이나 지식이 옹골참

且生於數千載之下 而欲講明於數千載之前 亦已難矣
차 생 어 수 천 재 지 하 이 욕 강 명 어 수 천 재 지 전 역 이 난 의

또한 수천 년 뒤에 살면서 수천 년 전의 일을 밝혀 말하고자 하니 역시 어려운 일이라.
※ 載(실을 재): 년, 해

然而 二帝三王之治 本於道 二帝三王之道 本於心
연 이 이 제 삼 왕 지 치 본 어 도 이 제 삼 왕 지 도 본 어 심
得其心 則道與治 固可得而言矣
득 기 심 즉 도 여 치 고 가 득 이 언 의

그러나 이제 삼왕의 다스림은 道에 근본을 두며 이제 삼왕의 도는 마음에 근본을 두니 마
음을 얻으면 곧 道의 다스림을 진실로 얻었다고 말할 수 있으리라.

何者 精一執中 堯舜禹 相授之心法也
하 자 정 일 집 중 요 순 우 상 수 지 심 법 야

建中建極 商湯周武 相傳之心法也
건 중 건 극 상 탕 주 무 상 전 지 심 법 야

이유인즉 정신을 모아 중을 잡으라는 것은 요 순 우가 서로 주고받은 심법이요, 중을 세우고 중을 치세의 극으로 세움은 상의 탕과 주의 무왕이 서로 전한 심법이라.

曰德 曰仁 曰敬 曰誠 言雖殊而理則一 無非所以明
왈 덕 왈 인 왈 경 왈 성 언 수 수 이 이 즉 일 무 비 소 이 명

此心之妙也
차 심 지 묘 야

덕이니 인이니 경이니 성이니 하는 것은 말은 비록 다르나 이치는 하나이니 그 마음의 묘처를 밝히지 않을 수 없을 것이요.

至於言天則 嚴其心之所自出 言民則 謹其心之所由施
지 어 언 천 즉 엄 기 심 지 소 자 출 언 민 즉 근 기 심 지 소 유 시

하늘을 말함에 있어서는 마음의 출처를 엄숙히 하고자 함이요, 백성을 말함에 있어서는 마음을 쓰고 베풀어지는 곳을 삼가하고자 함이라.

禮樂敎化 心之發也 典章文物 心之著也 家齊國治而天下平
예 악 교 화 심 지 발 야 전 장 문 물 심 지 저 야 가 제 국 치 이 천 하 평

心之推也 心之德 其盛矣乎
심 지 추 야 심 지 덕 기 성 의 호

예악교화는 마음의 발함이요, 전장 문물(제도와 규정, 정치 종교 예술 같은 모든 문화의 산물)은 마음의 드러남이요, 가정을 바르게 하고 나라를 다스리며 천하평을 이루는 것은 마음의 펼침이니 마음의 덕이 성대함이라.

二帝三王 存此心者 夏桀商紂 亡此心者
이 제 삼 왕 존 차 심 자 하 걸 상 주 망 차 심 자

太甲成王 困而存此心者也
태 갑 성 왕 곤 이 존 차 심 자 야

이제 삼왕은 마음을 보존한 사람이요, 하의 걸과 상의 주는 마음을 잃어버린 자요, 태갑
성왕은 어렵게 마음을 보존한 사람이라.

存則治 亡則亂 治亂之分 顧其心之存不存 如何耳
존 즉 치 망 즉 란 치 란 지 분 고 기 심 지 존 불 존 여 하 이

마음이 있으면 다스려지고 없으면 혼란하게 되니 돌아보건대 다스려지고 혼란함이 오직
마음이 있고 없고일 뿐이라.

後世人主 有志於 二帝三王之治 不可不 求其道
후 세 인 주 유 지 어 이 제 삼 왕 지 치 불 가 불 구 기 도

有志於 二帝三王之道 不可不 求其心
유 지 어 이 제 삼 왕 지 도 불 가 불 구 기 심

求心之要 舍是書 何以哉
구 심 지 요 사 시 서 하 이 재

후세에 인주가 이제 삼왕의 치세에 뜻이 있다면 도리 없이 道를 구하여야 할 것이요, 이제
삼왕의 道에 뜻이 있다면 도리 없이 마음을 구하여야 하리니 마음을 구하고자 한다면 서
경을 버리고 어디서 구할 수 있으리오.

沈 自受讀以來 沈潛其意 參考衆說 融會貫通 乃敢折衷
침 자 수 독 이 래 침 잠 기 의 참 고 중 설 융 회 관 통 내 감 절 충

微辭奧旨 多述舊聞
미 사 오 지 다 술 구 문

침이 책을 얻어 읽은 이래로 그 뜻을 깊이 헤아리고 여러 학설을 참고하여 자세히 이해하고 관통하여 감히 절충을 하였으며 은유로 표현한 심오한 뜻은 많이 쓰고 많이 들은 경험에서 나온 것이라.

※ 沈潛(잠길 침, 잠길 잠): 성정을 가라앉힘

※ 融會(녹을 융, 모일 회): 자세히 이해함

※ 微辭(작을 미, 말씀 사): 은근히 돌려서 하는 말 또는 글

二典禹謨 先生 盖嘗是正 手澤尙新 嗚呼惜哉
이 전 우 모 선 생 개 상 시 정 수 택 상 신 오 호 석 재

(서경의) 요전, 순전, 대우모는 선생이 일찍이 바로잡아 손때가 아직도 새로우니 오호 슬픈 일이로다.

集典 本先生所命故 凡引用師說 不復識別 四代之書
집 전 본 선 생 소 명 고 범 인 용 사 설 불 부 식 별 사 대 지 서

分爲六卷 文以時異 治以道同
분 위 육 권 문 이 시 이 치 이 도 동

집전은 본래 선생의 분부이므로 모두 스승의 설을 인용하고 다시 식별하지 않으니 사대의 서전에 나누어서 여섯 권이라.

문이 만들어진 시기는 다르나 치세하는 道는 같은 것이라.

※ 四代之書(사대지서): 虞書(우서), 夏書(하서), 商書(상서), 周書(주서)

聖人之心 見於書 猶化工之妙 著於物 非精深 不能識也
성 인 지 심 현 어 서 유 화 공 지 묘 저 어 물 비 정 심 불 능 식 야

성인의 마음이 서전에 드러나 있는 것이 하늘의 조화가 만물에게 묘하게 드러나는 것과
같으니 깊이 궁구하지 않으면 알 수 없으리라.

※ 化工: 하늘의 조화로 자연히 이루어지는 조화

※ 精深(정할 정, 깊을 심): 정밀하고 자세하고 깊음

是傳也 於堯舜禹湯文武周公之心 雖未必能造其微
시 전 야 어 요 순 우 탕 문 무 주 공 지 심 수 미 필 능 조 기 미

於堯舜禹湯文武周公之書 因是訓誥
어 요 순 우 탕 문 무 주 공 지 서 인 시 훈 고

亦可得其指意之 大略矣
역 가 득 기 지 지 대 략 의

이 서경의 주해가 요순우탕문무주공의 마음을 비록 자세한 것까지는 밝히지 못하였으나
요순우탕문무주공의 글이 가르치고 알리고자 하는 것에 의거한다면 이 또한 서전이 가리
키는 대략의 뜻은 가히 얻을 수 있으리라.

※ 傳(전할 전): 경서의 주해

6

大學上章

대 학 상 장

大學之道 在明明德 在新民 在止於至善

知止而后 有定 定而后能靜 靜而后能安 安而后能慮

慮而后能得

物有本末 事有終始 知所先後 則近道矣

古之欲 明明德於天下者 先治其國 欲治其國者

先齊其家 欲齊其家者 先修其身 欲修其身者

先正其心 欲正其心者 先誠其意 欲誠其意者

先致其知 致知在格物

物格而后 知致 知致而后 意誠 意誠而后 心正

心正而后 身修 身修而后 家齊 家齊而后 國治

國治而后 天下平

自天子以至於庶人 壹是皆以修身爲本

其本亂而末治者 否矣 其所厚者薄 而其所薄者厚

未之有也

7

大學上章 註解

대 학 상 장   주 해

大學之道 在明明德 在新民 在止於至善
대 학 지 도 재 명 명 덕 재 신 민 재 지 어 지 선

대학의 道는 명덕을 밝히고 세상 사람들을 새롭게 하며 지극한 선에 머무르게 하는 데 있다.

명덕이 곧 [평천하]를 이루실 수 있는 상제님 도덕이며 우리 쪽이건 남의 쪽이건 분별을 두시는 사가 전혀 없이 은혜를 베푸실 수가 있어 상극이 없는 세상을 이루실 수가 있는 것입니다.
선천세상 내내 상극운 속에서 살아온 세상 사람들에게 道의 진리를 가르치어 상극정신을 버리게 하는 [인간개조]로 상제님 도덕을 얻게 해주는 것이 신민(新民)이 되게 하고 지선(至善)에 머무르게 하는 것이며 이것이 대학의 道라는 뜻입니다.

知止而後 有定 定而后 能靜 靜而后 能安 安而后 能慮
지 지 이 후 유 정 정 이 후 능 정 정 이 후 능 안 안 이 후 능 려
慮而后 能得
려 이 후 능 득

머무를 곳을 알고 난 후에 마음이 정함이 있게 되며 마음이 정함이 있고 난 후에 마음이 잠심(潛心)해질 수 있으며 잠심한 후에 마음이 평온해질 수 있으며 마음이 평온해진 후에 (집중하여) 사려할 수 있으며 사려 이후에 능히 얻을 수 있다.

明德을 체득하는 것이 곧 道를 얻는 것이며 반드시 道의 진리를 깊이 공부하고 이해하여 상극세상에서 물든 그릇된 기운을 모두 버릴 수 있어야 체득할 수가 있는 것입니다.

物有本末 事有終始 知所先後 則近道矣
물 유 본 말 사 유 종 시 지 소 선 후 즉 근 도 의

물에는 본과 말이 있고 일에는 시작과 끝이 있으니 그 선후를 알면 道에 가까워질 수 있다.

사람에게는 마음과 행위가 있으니 외식을 버리고 먼저 마음을 닦고 덕을 키우는 데 힘을 써야 한다는 뜻이며 일에는 시와 종이 있어 먼저 할 것과 나중에 할 것이 있으니 격물치지 의성 정심 수신 제가 치국 평천하를 뜻하며 이를 바르게 하면 道에 가까워질 수 있다는 뜻입니다.

古之欲 明明德於天下者 先治其國 欲治其國者 先齊其家
고 지 욕 명 명 덕 어 천 하 자 선 치 기 국 욕 치 기 국 자 선 제 기 가
欲齊其家者 先修其身 欲修其身者 先正其心 欲正其心者
욕 제 기 가 자 선 수 기 신 욕 수 기 신 자 선 정 기 심 욕 정 기 심 자
先誠其意 欲誠其意者 先致其知 致知 在格物
선 성 기 의 욕 성 기 의 자 선 치 기 지 치 지 재 격 물

옛적에 명덕을 천하에 밝히고자 하는 사람은 먼저 나라를 다스렸으며 나라를 다스리고자 하는 사람은 먼저 가정을 바르게 하였으며 가정을 바르게 하고자 하는 사람은 먼저 그 몸을 닦았으며 그 몸을 닦고자 하는 사람은 먼저 그 마음을 바르게 하였으며 그 마음을 바르게 하고자 하는 사람은 먼저 그 뜻을 바르게 하였으며 그 뜻을 바르게 하고자 하는 사람은 먼저 이치를 이해하였으며 이치를 아는 것은 만물이 존재하는 근본 원리를 깨닫는 것이라.

서전서문에 道與治(도여치)라 하는 것도 明德이 천하 사람들 마음에 전해져 무위이화로 천하가 다스려지는 것을 뜻하는 것입니다.

物格而后 知致 知致而后 意誠 意誠而后 心正
물 격 이 후 지 치 지 치 이 후 의 성 의 성 이 후 심 정
心正而后 身修 身修而后 家齊 家齊而后 國治
심 정 이 후 신 수 신 수 이 후 가 제 가 제 이 후 국 치
國治而后 天下平
국 치 이 후 천 하 평

만물이 존재하는 근본 원리를 깨닫고 나서야 이치를 알게 되고 이치를 이해하고 나서야 지향할 뜻을 참되게 세울 수 있으며 뜻을 바르게 세운 후에 마음을 바르게 할 수 있으며 마음을 바르게 한 후에 그 몸을 닦을 수 있게 되며 그 몸을 닦은 후에 가정을 바르게 할 수 있으며 가정을 바르게 한 후에 나라를 다스릴 수 있으며 나라를 다스린 후에 천하평을 이룰 수가 있는 것이라.

만물이 존재하는 근본은 당연히 무극 태극의 진리이며 서로 상반된 음양 두 기운이 서로 부족한 것을 채워주고 덕성을 합하여 수많은 변화를 이루어 만상 만유를 이루는 것입니다.
道의 체가 털끝만 한 사가 없어 치우치지 않는 中이고 자체가 지극한 선이므로 음양을 조화시킬 수 있는 것이 아니고 무엇이겠으며 이와 같은 상제님 도덕이 세상 기운을 주관하여야 집단 간, 나라 간에도 자기 쪽의 이로움을 도모하는 사가 없이 서로 돕고 화합할 수가 있는 것은 당연한 일이며 한 나라, 한 가정에서도 마찬가지이고 [소천지]라는 천하 사람들 내면에서도 이치는 같은 것입니다.

자신이나 자기 쪽의 이로움을 도모하여 온갖 반목과 불화를 일으키는 현 세상 기운이 자신도 해치고 세상도 해치는 기운이라는 것을 깨닫는 것이 [격물치지]의 근본입니다.
[격물치지]하여 오직 남보다 잘하는 것을 최고로 여기는 상극세상에서 비롯된 선천의 그릇된 가치관을 모두 버리고 먼저 자신이 추구하고 지향할 목표를 바르게 세울 수 있어야 정심 수신 제가 치국 평천하도 가능한 것은 당연한 일입니다.

상제님께서 [선천은 인간 사물이 모두 상극에 지배되었다] 하심과 같이 선천은 근본적으로 상제님 도덕 기운과 상반된 기운이 천하 사람들 마음을 지배하였던 세상입니다.
선천 수천 년 동안 인류가 온갖 전란과 살상을 벌이던 세상이 아니고 무엇이겠으며 이와 같은 세상에서 수천 년 동안 살아와 천하 사람들 마음에 道의 진리와 상반된 기운이 깊이 배게 된 것입니다.

중화경 주해

원한이 쌓이고 맺혀 三界가 모두 진멸할 지경에 이르고 장차 병겁이라는 대재앙이 목전에 이르렀음에도 이를 전혀 모르고 현재도 온갖 반목과 불화를 일으키는 것이 현실이 아니고 무엇이겠으며 상제님을 믿는 도인들이라도 병세를 바르게 이해하고 오직 무극 태극의 진리가 자신도 구하고 세상도 구할 수 있는 유일한 진리라는 것을 깊이 깨달아 상제님 도덕을 진심으로 받들고 마음에 영원히 모시는 대월상제의 영시의 정신으로 지어지선(止於至善)에 이르고자 뜻을 세우는 것이 의성(意誠)입니다.

自天子以至於庶人 壹是皆以修身爲本
자 천 자 이 지 어 서 인 일 시 개 이 수 신 위 본

천자에서 서인에 이르기까지 모두 수신을 근본으로 하여야 한다.

其本亂而末治者 否矣 其所厚者薄 而其所薄者厚 未之有也
기 본 란 이 말 치 자 부 의 기 소 후 자 박 이 기 소 박 자 후 미 지 유 야

근본이 어지러운데 말이 다스려지는 것은 불가한 일이며 후하게 할 것을 박하게 하고 박하게 할 것을 후하게 하는 것은 있을 수 없는 일이라.

교법에 [대학에 物有本末 事有終始 知所先後 則近道矣라 하였고 其所厚者薄 而其所薄者厚 未之有也라 하였으니 이것을 거울로 삼고 일하라] 하심도 장차 도인들이 [평천하를 이루실 수 있는 상제님 도덕을 세상에 펼치는 [치천하]할 때는 먼저 자신을 살펴보는 것을 각별히 하여 道를 펼쳐야 된다는 말씀입니다.

사람이 道를 얻으면 내 몸을 이루는 수많은 정과 기를 바르게 조화를 시킬 수 있을 뿐만 아니라 반드시 밖으로 전해져 사람뿐만 아니라 만물에까지 두루 전해져 음양을 조화시킬 수 있는 것입니다.
당연히 道의 바른 기운이 응할 수 있도록 항시 자신을 살펴보는 것을 철저히 하여야 된다는 말씀입니다.
자신 하나 明德을 체득하지 못하고 남에게 가르치고 전한다는 것이 어찌 있을 수가 있겠으며, 당연히 자신의 수신을 우선으로 하여야 되는 것입니다.

8

定心經

정 심 경

天君 太然(천군 태연)   百體 從令(백체 종령)

元氣 布行(원기 포행)   以齊 七政(이제 칠정)

四象 成道(사상 성도)   萬邦 咸寧(만방 함령)

君臣 際會(군신 제회)   靈臺 緯經(영대 위경)

四德 正中(사덕 정중)   繼繼 承承(계계 승승)

璇璣 運機(선기 운기)   闔闢 緯營(합벽 위영)

開榜 釋鎖(개방 석쇄)   白雲 捲空(백운 권공)

糲粺 鑿禦(날패 착어)   金蟬 化形(금선 화형)

維卽 互隔(유즉 호격)   鍊擅 丹宮(연천 단궁)

益壽 延年(익수 연년)   化身 長生(화신 장생)

存保 心神(존보 심신)   大聖 日用(대성 일용)

思慮 未起(사려 미기)   鬼神 莫量(귀신 막량)

道德 廣大(도덕 광대)   閑邪 存誠(한사 존성)

心不 在道(심불 재도)   道在 心工(도재 심공)

不入 汚穢(불입 오예)   不戮 其躬(불육 기궁)

能使 不善(능사 불선)   不敢 侵攻(불감 침공)

精神 守護(정신 수호)   心力 其靈(심력 기령)

萬紫 生光(만자 생광)   造化 興功(조화 흥공)

9

定心經 註解

정 심 경   주 해

天君 太然(천군 태연) 百體 從令(백체 종령)

하늘의 임금님이 태연하시니 백체가 명에 따르니라.

天君이라 함이 곧 도의 체를 뜻하는 것이며 상제님 도덕인 靈을 뜻하는 것입니다.

元氣 布行(원기 포행) 以齊 七政(이제 칠정)

원기가 포행하여 칠정(음양오행이 하는 일)을 바르게 하니라.

상제님께서 수기라 하심이 곧 원기를 두고 하신 말씀입니다.
천지에는 수기가 돌지 않는 것이 천지의 大병이고 천하 사람 마음에서는 원기가 포행하지
못하는 것이 大병입니다.

상제님께서 [分蛤無頭(분합무두) 當日寺(당일사)]라는 글을 말씀하시고 [반드시 그와 같이 되
리니 마음에 꼭 새겨두라] 하심도 때가 되어 마음 안에 원기가 없으면 당일로 잘못된다는
말씀입니다.
반드시 기운이 다시 전해질 때 체득할 수 있어야 대병과 소병이 자연히 낫게 되어 인류가
모두 성불하는 세상에 참여할 수가 있는 것입니다.

四象 成道(사상 성도) 萬方 咸寧(만방 함령)

내 몸을 이루는 태음 태양 소음 소양이 치우치거나 편벽되지 않고 바르게 조화를 이루어
태극이 이루어지니 모두 편안하도다.

중화경 주해

君臣 際會(군신 재회) 靈臺 緯經(영대 위경)

임금과 신하가 뜻이 잘 맞으니 영대에서 경위가 바로 세워지도다.
※ 際(즈음 제): 만나다, 사귀다 ※ 際會: 임금과 신하가 뜻이 잘 맞음

영대에서 올바른 경위가 나와 몸 전체가 바르게 다스려진다는 뜻입니다.
心靈神臺(심령신대)라 하심도 마음에 천지 음양이기를 모시는 영대가 이루어지는 것을 뜻하시는 것입니다.

四德 正中(사덕 정중) 繼繼 承承(계계 승승)

인 의 예 지 사덕이 정중하니 이어지고 이어지도다.

내 몸이 점점 도체도골로 발전하게 된다는 뜻입니다.

璇璣 運機(선기 운기) 闔闢 緯營(합벽 위영)

선기가 기틀을 운영하니 닫고 여는 것이 바르게 운영이 된다.
※ 璇璣(아름다운옥 선, 구슬 기) ※ 闔(문짝 합): 문을 닫다 ※ 闢(열 벽)

아름답고 상서로운 기운이 내 몸에 순환이 되니 내 몸을 구성하는 많은 기관이 바르게 운영이 된다는 뜻입니다.

開榜 釋鎖(개방 석쇄) 白雲 捲空(백운 권공)

방 붙인 것을 뜯고 자물쇠를 푸니 백운이 걷히고 하늘이 드러나는도다.

옥황상제님께서 [사람에게는 39규(窺)가 있나니 보통 사람은 수 규밖에 통하지 않았으나 2, 3규만 더 통하여도 남의 장상이 되느니라. 오도의 도통은 39규가 모두 통하는 것이며 자통은 없으니 내가 열어주어야 통하리라] 말씀하셨습니다.

糲粺 鑿禦(날패 착어) 金蟬 化形(금선 화형)

갈고 닦고 막힌 곳을 뚫으면 금매미로 화형하리라.
※ 糲粺 鑿禦(쌀찧을 날, 정미 패, 뚫을 착, 막을 어)

維卽 互隔(유즉 호격) 鍊擅 丹宮(연천 단궁)

유즉 호격을 바로잡고 연마하여 단궁에 마련하면
※ 維(벼리 유): 구석 ※ 隔(사이뜰 격) ※ 擅(멋대로할 천)

益壽 延年(익수 연년) 化身 長生(화신 장생)

수명이 늘고 연장이 되며 몸이 변화하여 장생하리라.

存保 心神(존보 심신) 大聖 日用(대성 일용)

마음과 신(理와 氣)을 보존하고자 하는 것은 대성인이 매일 하는 일이라.

思慮 未起(사려 미기) 鬼神 莫量(귀신 막량)

사려를 일으키지 않으면 귀신도 어찌할 수 없느니라.

道德 廣大(도덕 광대) 閑邪 存誠(한사 존성)

도덕이 광대하나 사기를 막고 성을 지키는 것이라.

상제님께서 [일념을 잃지 않으면 경위가 만방에 세워지고 천지가 아무리 크다 하여도 덕이 가동한다] 하심과 같이 道의 덕인 誠은 온 천지에 두루 펼쳐지는 광대한 존재입니다.
오직 사기가 마음에 침투하지 못하게 하고 誠을 지켜내면 도덕은 자연히 광대하게 된다는 뜻입니다.

心不 在道(심불 재도) 道在 心工(도재 심공)

마음이 道에 있는 것이 아니라 道가 마음공부 하는 데 있는 것이라.

사람이 삿됨이 없는 誠이라는 마음을 써서 인사에서 태극의 원리로 서로 합덕 조화가 이루어지는 것을 道라고 하는 것이니 마음이 道 안에 있는 것이 아니라 마음의 용(用) 안에 道가 있게 된다는 뜻입니다.

不入 汚穢(불입 오예) 不戮 其躬(불육기궁)

더러운 곳에 들어가지 않으면 그 몸을 욕되게 하지 않으리라.
※ 汚(더러울 오) ※ 穢(더러울 예) ※ 戮(죽일 육): 욕되다 ※ 躬(몸 궁)

能使 不善(능사 불선) 不敢 侵攻(불감 침공)

선하지 않은 것이 감히 침공치 못하게 하라.

精神 守護(정신 수호) 心力 其靈(심력 기령)

정신을 수호하면 마음의 힘이 신령스러우리라.

萬紫 生光(만자 생광) 造化 興功(조화 흥공)

만 가지 자줏빛이 광채를 발하니 조화가 흥왕하여 성공하도다.

10

尋牛圖

심우도

중화경 주해

중화경 주해

중화경 주해